혼자만의
시간이
필요한 이유

혼자만의 시간이 필요한 이유

Solo time

나코시 야스후미 | 권혜미 옮김

책/이/있/는/풍/경

2 진짜 내 인생을 발견하는 방법

3 내 마음 점검하기

4 내 몸이 하는 말에 귀 기울이기

5 작은 변화가 인생을 바꾼다

나는 어디서 왔을까.

나는 누구일까.

나는 어디로 가는 걸까.

-폴 고갱(Paul Gauguin)-

직장 상사에게 혼나지 않도록,

친구들에게 따돌림당하지 않도록, 애인과 싸우지 않도록.

우리는 매일 원만한 인간관계를 유지하기 위해

많은 노력을 기울인다. 물론 주변 사람들과 원만한 관계를

유지하는 것은 매우 중요한 일이다.

그러나 인생의 목적은 원만한 인간관계가 아니다.

'인간관계가 인생의 전부가 되면' 현대인 특유의 불행이

발생한다. 이것은 내가 정신건강의학과 의사로서

많은 사람들과 만나오면서 얻은 결론 중의 하나다.

우리에게는 '혼자 있는 시간'이 꼭 필요하다.

혼자 있는 시간, 솔로타임이란
집단에서 잠시 벗어나
내 몸과 마음 상태를 바라보는 시간이다.

"일에서도 연애에서도 최선을 다하려고 노력했어요. 그 런데 최근에는 내가 무엇을 위해 열심히 하고 있는지 회의감이 들더라고요. 친구들은 모두 결혼하고 아 이도 낳았는데, 나만 제자리인 거 같아 비참한 기분이 들 때가 있어요."

—30대 여성, 회사원

"아이가 고등학생이 되자 내 시간이 많이 늘어났지만, 동시에 '나는 앞으로 무엇을 위 해 살아가야 하나?' 그런 생각이 들기 시작 했어요."

—50대 여성, 주부

"가끔 너무 외로울 때가 있어요. 나는 친 구들도 많고 남자친구도 있지만, 그들에게 서는 채워지지 않는 무언가가 있지요."

—20대 여성, 학생

"회사를 계속 다녀야 할지 의문입니다. 한 번뿐인 인생인데, 독립해서 내 힘으로 승부를 보고 싶지만 아직 그럴 용기가 나지 않습니다."

—30대 남성, 회사원

"회사에도 가정에도 딱히 불만은 없습니다. 그러나 이대로 계속 회사를 다니는 게 무슨 의미가 있을까요? 과연 나를 필요로 하는 곳이 있기는 할까요?"

—50대 남성, 회사원

1

우리는

집단을

살아간다

나를 공허하게 만드는 것은
무엇일까

"내 인생은 이대로 좋을까?"

이 생각은 딱히 방황기에 접어든 청소년이나 하는 고민이 아니다. 사람이라면 누구나 자신의 인생에 대해 고민할 때가 있다. 평온하게 잘 살아가던 사람도 어떠한 계기로 인생의 벽에 부딪히면 "나는 도대체 무엇을 위해 살고 있는 걸까?"라는 깊은 공허감에 빠지게 된다.

실제로 많은 사람들이 이런 인생의 공허감 속에서 허우적대고 있다.

새삼 말할 필요도 없이 우리는 인류 역사상 가장 풍족하고 안전한 세상을 살아가고 있다. 일찍이 우리 조상이 겪었던 것처럼 굶어 죽거나 맹수에게 공격당해 죽을 위험은 (적어도 현대 우리나라와 같은 선진국에서는) 거의 없다. 이 정도로 풍족하고 안전한 생활은 수렵활동을 한 우리 조상은 물론이고 불과 50년

전을 살던 사람들도 전혀 상상하지 못했을 것이다.

이처럼 사회가 풍족하고 안전해질수록 우리는 사회와 인간의 관계성을 중시하게 되었다. 현대인은 식량을 확보하지 못해 굶어 죽을 위기에서 벗어난 대신, 가족이나 친구 또는 애인이나 직장동료처럼 주변 사람들과 좋은 관계를 맺어야 살아갈 수 있게 되었다.

우리가 지금 품고 있는 공허감은 이런 시대변화에 따른 감정이라고 나는 생각한다.

지금부터 내가 소개하는 내용은 특별할 것 없는 지극히 평범한 이야기다. 아마 많은 사람들이 어딘가에서 비슷한 상황을 경험한 적이 있을 것이다. 그러나 이것은 우리가 왜 가슴속에 이처럼 깊은 공허감을 품고 살아왔는지 그 이유를 보여줄 것이다.

어느 식당에서 점심을 먹고 있을 때였다. 옆 테이블에 양복 차림을 한 회사원 네 명이 이야기를 나누면서 식사를 하고 있었다. 그들은 모두 30~40대 정도로, 조금 전에 큰 프로젝트를 마쳤는지 웃으면서 업무 이야기를 나누고 있었다. 그 이야기 중에는 같이 프로젝트에 참여한 어느 동료에 대한 험담도 있었다.

험담의 주인공이 A씨라고 해보자. A씨는 우수한 인재이지만 자기주장이 강한 경향이 있는 것 같았다. 그래서 프레젠테이션을 하는 도중에 A씨가 분위기를 깨지 않도록 서로가 '합심'해서 A씨를 견제했다는 이야기였다.

"그때 내가 신호 보낸 거 눈치 챘어?"
"당연하지. 그래서 A씨가 나서지 못하게 내가 막은 거잖아."
"맞아, 맞아. 절묘한 타이밍이었어."

이렇게 말하면서 웃는 네 사람의 대화를 들으며 나는 그들의 끈끈한 동료애를 느낀 동시에, 현대사회에서 '평범하게' 살아가기도 쉽지 않은 안타까운 현실을 새삼 깨달았다.

'분위기'를 살핀 후에 서로 '합심'한다. 내 주장을 펼치면 오히려 '분위기 파악도 못하는 사람'이 될 수 있다. 따라서 조용히 있어야 할 때는 조용히 있고, 말을 꺼내야 할 때는 적당히 말을 꺼내야 한다. 의문사항이 있어도 일단은 '동의하는 척' 하면서 상대방의 표정을 살펴야 한다.

이렇게 말로 정리하면 그리 어려운 이야기가 아니지만, 여기에는 매우 섬세하고 수준 높은 의사소통 기술이 요구된다.

이것은 회사에만 해당하는 이야기가 아니다. 오랜만에 만난 친구들이나 또래 자녀를 둔 엄마들의 모임인 이른바 맘친구와 나누는 대화에서도 이런 독특하고 섬세한 의사소통 기술이 필요하다. 그 기술이 어느 수준에 미치지 못하면 인간관계를 유지하는 것조차 어려워진다.

정도의 차이는 있지만, 우리가 살아가는 현대사회에서는 모두에게 이러한 높은 수준의 의사소통 기술이 요구된다.

수준 높은 의사소통 기술이 나쁜 것은 아니다.

다만, 사회가 그것을 '당연하게' 요구할수록 사람은 피폐해질 가능성이 높다.

나는 십수년 동안 대학병원의 정신건강의학과에서 근무했다. 대학병원에서 나온 후에는 개인 클리닉을 개업해 매일 수많은 환자를 진찰했다. 그 오랜 세월 동안 환자들을 보면서 내가 깨달은 한 가지 사실이 있다. 그것은 직장동료나 가족 그리고 친구와 나누는 일상적인 의사소통에 의해서 사람들은 점점 피폐해지고 있다는 사실이다. 즉 현대사회는 우리에게 매우 섬세한 균형감각을 요구하고 있으며, 그 결과 우리는 '평범한 인생을 보내는 것'조차 어렵고 피곤해졌다.

우리는 지금 누군가를 만나고 싶으면 지구 반대편까지 비행기를 타고 날아갈 수 있고, SNS를 통해 유명인과 대화를 나눌 수도 있다. 그러나 그 풍족한 연결고리는 우리의 마음속에 있는 공허감을 치유해주기는커녕 오히려 그 공허감을 더욱더 크게 만드는 요인이 되었다.

애인과 싸우지 않도록, 상사에게 혼나지 않도록, 친구들에게 따돌림당하지 않도록…….

우리는 매일 원만한 인간관계를 유지하기 위해 방대한 에너지를 쏟아내고 있다. 물론 원만한 인간관계를 유지하는 것은 결코 무의미한 행동이 아니다. 친구나 애인, 가족이나 직장동료 등의 인간관계는 우리가 행복한 인생을 보내는 데 꼭 필요한 조건이다. 그러나 유감스럽지만, 우리의 마음은 원만한 인간관계만으로 풍족해지지 않는다.

일로 인정받거나 많은 친구들에게 둘러싸여 파티를 열면 표면적으로는 마음이 풍족해질 것이다. 그러나 가슴 깊은 곳에 있는 공허감은 완전히 해소되진 않는다. 인간관계에 막대한 에너지를 쏟으면 쏟을수록 우리는 오히려 내 인생을 풍족하게 만들어주는 무언가를 놓쳐버릴지도 모른다.

인간관계가 인생의 전부가 되면 현대인 특유의 불행이 발생한다.

이것은 내가 정신건강의학과 의사로서 많은 사람들과 만나오면서 얻은 결론 중의 하나다.

혼자 있는 시간,
솔로타임을 되찾자

우리는 가끔 일상 속에서 가슴에 커다란 구멍이 뚫린 듯한 깊은 공허감을 느낄 때가 있다. 그 공허감은 인간관계로 지치고 피곤해졌을 때 찾아온다.

이렇듯 가슴에 깊은 공허감을 품고 있는 사람들에게 나는 혼자 있는 시간인 '솔로타임'을 가져보라고 말한다. 솔로타임이란 일상적인 인간관계에서 잠시 벗어나 조용하고 안정된 곳에서 혼자만의 시간을 보내는 것이다. 이 방법만으로도 가슴 속에 자리 잡은 깊은 공허감에서 벗어날 수 있다.

나는 병원에서 근무하던 20~30대 시절 내 일에 가끔 회의를 느낄 때가 있었다. 그럴 때면 내가 좋아하는 공원에 가서 혼자 멍하니 시간을 보내곤 했다. 나를 알아보는 사람이 아무도 없는 곳으로 가서 조용히 느긋한 시간을 보냈다. 그러면 이상하게 기분이 편안해지고 조금은 의욕이 생겼다.

정신건강의학과 구급병동에서 일하던 당시에는 나도 모르는 사이에 몸과 마음이 딱딱하게 굳어져 있었다. '혼자 있는 시간'은 그런 긴장감에서 나를 해방시켜준 귀중한 시간이었다.

일주일에 한두 번 정도는 직장동료와 친구, 애인과 가족 등 일상적인 인간관계에서 벗어나 혼자만의 시간을 가져보자. 그것만으로도 마음이 한결 가벼워질 것이다.

이를테면 커피숍에서 한 시간 정도 책을 읽는 것도 좋다. 집이나 회사에서 나와 목적 없이 산책을 하는 것도 좋은 방법이다. 만약 시간이 허락된다면 혼자 여행을 떠나는 것도 솔로타임을 보내는 훌륭한 방법 중의 하나다.

우리의 사고와 감정은 인간관계나 주변환경에 강한 영향을 받는다. 따라서 평소와는 조금 다른 곳에 가는 것만으로도 마음속에 있는 공허감을 지울 수 있다.

매일 얼굴을 마주하는 사람이나 일상적인 환경에서 가끔 떠나 있는 시간이 우리에게는 반드시 필요하다.

그 시간은 평소와 다른 사고, 평소와 다른 감정을 우리에게 가져다준다.

Think

그렇지 않아도 외로운데,

혼자 있으면 더 외롭지는 않을까?

마음속에 존재하는
또 다른 나

우리의 마음속에는 많은 사람이 살고 있다. 그리고 인간관계에서 오는 대부분의 스트레스는 실제 존재하는 타인이 주기보다는 마음속에 있는 또 다른 내가 주는 경우가 많다.

그렇다면 마음속에 있는 또 다른 나란 도대체 누구일까? 아마 많은 사람들이 감을 잡지 못할 것이다. 하지만 곰곰이 생각해보면 순간순간 다음과 같은 말들이 머릿속을 맴도는 것을 확인할 수 있다.

"저 사람은 나를 어떻게 생각할까?"

"열심히 했으니까 이번에는 인정받을 수 있겠지."

"아무도 내 마음을 모를 거야."

이렇듯 우리는 무의식중에 다른 사람의 평가나 반응을 격정한다. 그 걱정 속에 있는 것은 현실의 의사소통이 아니라, 내 안에 있는 또 다른 나와 나누는 대화다.

'아무 의미 없다'는 공허감, '아무도 상대해주지 않을 것'이라는 불안, '내 이야기를 들어주는 사람은 없다'는 분노. 사실 이 모든 감정은 실제 인간관계에서 오는 것이 아니라 내 마음속에 있는 또 다른 나와 대화하면서 생긴 감정이다.

그러면 우리는 왜 항상 마음속에 있는 또 다른 내 목소리에 영향을 받는 걸까?

그것은 우리가 '집단'에 속해 있기 때문이다.

회사, 가족, 사회 등, 여러 사람이 모이면 그곳에는 집단이 생기기 마련이다. 집단 안에 있다 보면 우리는 마음속으로 가족의 기대, 업무에 대한 책임, 사회의식 등 다양한 '목소리'를 듣게 된다. 마음속에 있는 또 다른 나는 우리에게 '이렇게 해야만 한다' 또는 '이렇게 하면 안 된다'며 다양한 압력을 준다. 집단 안에 있는 한 우리는 마음속에 있는 또 다른 내 목소리에서 자유로워질 수 없다.

마음속에 존재하는 또 다른 나를 물리치고 혼자 있는 시간을 가져보길 바란다. 그러면 일상적으로 일어나는 다양한 압력에서 해방되어 처음으로 진짜 나와 마주할 수 있다.

우리는 모두
집단을 살아간다

현대인들은 모두 어떠한 집단에 소속되어 있다.

회사원도, 가정주부도, 어린아이도 모두 자신만의 집단을 가지고 있고, 애플의 창업자 스티브 잡스나 일본의 프로야구 선수 이치로도 자신만의 집단을 갖고 있다. 이렇듯 전 세계적으로 유명한 사람들도 어떠한 집단에 소속되어 있다는 점은 우리와 크게 다르지 않다.

집단이라고 하면 사바나의 얼룩말이나 목장의 양 떼가 떠오른다. 그러나 인간사회에 존재하는 집단은 동물들이 만들어낸 이런 집단과는 비교할 수 없을 정도로 복잡하고, 거대하고, 수준 높고, 게다가 무의식적이다.

물론 사회나 가족, 국가나 지역도 집단이지만, '남과 여' 또는 '초년과 장년'이라는 사회적인 특징도 집단의 일종이다. 또한 우리나라는 '세계'라는 집단에 소속된 하나의 국가다.

우리의 마음은 무의식중에 항상 집단으로부터 큰 영향을 받는다. 집단은 그 무리 안을 살아가는 인간에게 다양한 의식과 가치관 그리고 습관을 요구한다. 일, 사랑, 양육, 가족애 등 우리의 행동은 크든 작든 집단의 가치관에 항상 영향을 받는다.

인간은 모든 행동을 자신이 선택했다고 생각하지만,
사실 우리는 무의식중에 내가 소속된 집단의
가치관이나 습관에 의해 행동한다.

여자가 예쁜 옷을 입는 것도, 남자가 강해 보이려고 노력하는 것도, 모두 소속된 집단의 습관에 따른 결과다. 일하는 것, 인사하는 것, 전철에서 자리를 양보하는 것, 차례를 지키는 것, 쓰레기를 쓰레기통에 버리는 것 등 우리가 일상적으로 하는 평범한 행동들 모두 개인의 자유 의지라기보다는 집단의 법칙에 따른 것이다.

인간은 태어난 이상 집단의 영향을 받을 수밖에 없다. 대니얼 디포의 《로빈슨 크루소》를 읽어봐도 그 사실을 잘 알 수 있다.

많은 사람들이 로빈슨 크루소는 무인도에서 '혼자 생활'했다고 생각하지만, 사실 무인도에서 보낸 대부분의 시간 동안 그는 '프라이데이'라는 친구와 함께 생활했다. 또한 고향으로 돌아온 로빈슨 크루소는 다시 그곳에 쉽게 적응했다. 그 이유는 그가 조난당하기 전에 집단생활을 하면서 인격과 능력 그리고 성격을 키워왔기 때문이다.

즉 오랜 세월 무인도에서 생활한 로빈슨 크루소조차 집단에서 완전히 자유로워질 수는 없었다. 따라서 삶의 대부분의 시간을 집단 안에서 보내는 우리는 정말 엄청난 노력을 해야 집단에서 벗어날 수 있다.

집단에서 벗어나 솔로타임을 보내는 구체적인 방법에 대해서는 차츰 설명하겠다. 우선 여기서 내가 꼭 전하고 싶은 말이 있다. 혼자 있는 시간, 즉 솔로타임을 가지면 '집단 안에 있는 내 모습'을 보다 객관적으로 볼 수 있다는 점이다.

회사나 가족, 친구나 애인, 국가나 사회처럼 나를 둘러싼 집단이 나에게 어떠한 영향을 미치고 있는지, 그리고 그것이 내 인생을 얼마나 구속하고 있는지를 알면 우리의 마음속에 있는 공허감의 정체가 점점 선명해질 것이다.

Think

집단 안에 있으면

확실히 답답할 때도 있지만,

그래도 혼자 외롭게 있는 것보다는

낫지 않을까?

'Alone'과
'Lonely'의 차이

'혼자 있는 시간'이란 친구도 애인도 없이 혼자 외롭고 고독하게 있는 시간이 아니다.

항상 많은 사람들과 함께 있어도 마음속으로는 언제나 고독감을 느끼는 사람도 있다.

> "친구와 술을 마실 때도 항상 친구 눈치를 보게 된다."
>
> "일을 할 때도 상사가 뭐라고 할지 신경 쓰여서 일에 집중할 수가 없다."

이렇게 말하는 이들은 생리적으로 많은 사람들과 함께 있어도 고독감과 외로움 그리고 누군가에게 버려질지도 모른다는 불안감에 휩싸이기 쉽다.

이와 반대로 혼자서도 충실하게 자신만의 시간을 보내는 사람도 많이 있다. '혼자'라는 행위는 외로움이나 고독감 등 항상 부정적인 감정을 동반하지는 않는다.

내가 사람들에게 추천하는 솔로타임은 우울함과 외로움과는 거리가 멀다. 솔로타임은 집단에서 받는 스트레스에서 벗어나 밝고 상쾌하고 충실한 시간을 갖는 것이다.

혼자 느긋하게 산책을 한다, 커피숍에서 여유롭게 책을 읽는다……. 방법은 아무래도 상관없다. 밝고 상쾌하게 혼자 있는 시간을 보내는 것이 인생에는 꼭 필요하다.

영어에 'Alone'과 'Lonely'라는 두 단어가 있다. 이들은 모두 '혼자'를 의미하지만 뉘앙스는 조금 다르다. 'Alone'은 '혼자 있는', '독립'이라는 뜻으로, 물리적인 상황만 나타낼 뿐 감정을 동반한 표현이 아니다. 한편 'Lonely'라는 단어에는 '혼자 있다'는 상황뿐 아니라 '외로움', '고독감'이라는 부정적인 감정표현도 담겨 있다.

혼자 있는 시간을 '외롭고 쓸쓸하게' 생각하는 사람은 무의식중에 그 시간을 고독감(Loneliness)으로 받아들이고 있을지도 모른다. 혼자 있는 시간을 외롭고 고독하게 느끼는 이유는 우리가 지금 소속된 집단, 즉 사회나 가족, 친구를 잃는 것을 두려워하기 때문이다. 우리는 물건과 돈을 잃는 것보다 소속을 잃는 것을 강하게 두려워한다.

이것은 이른바 '소속의존증'이다.

그러나 소속의존증을 극복하고 혼자 있는 시간을 즐길 수 있게 되면 인간관계에서 오는 스트레스에서 벗어나 밝고 상쾌한 나를 만날 수 있다.

창작활동에 몰두하는 예술가를 상상해보라. 그림에 몰두하고 있는 화가나 녹음에 집중하고 있는 음악가는 SNS를 하지 않는다. 적어도 작품에 몰두하고 있는 동안에는 말이다. 또한 항상 자녀를 돌보느라 바쁜 엄마에게는 자녀가 유치원이나 학교에 간 그 몇 시간이 혼자 있는 가장 편안한 시간일 것이다.

집단에서 벗어나 혼자 있는 시간(Be Alone)을 가지면 괴로움과 외로움으로 가득 찬 고독감(Loneliness)에서 벗어날 수 있다.

우리를 지배하는
환상의 집단

사람에게 집단은 삶의 본능이라는 의견도 있다. 인간은 혹독한 자연환경 속에서 굶어 죽지 않기 위해 식재료를 비축하고, 외적으로부터 몸을 지키기 위해 집단을 만들었다. 거기까지만 보면 인간의 집단도 동물의 집단과 똑같은 본능적인 행동이 맞다.

그러나 진화 과정을 거치면서 인간의 집단은 서서히 거대해지고 복잡해졌다. 현대 인간이 만든 집단은 물고기나 양처럼 모두가 일제히 한 방향으로 나아가는 단순한 집단이 아니라 매우 복잡한 '조직'이 됐다.

인간만큼 거대하고 복잡한 집단을 만드는 동물도 없을 것이다. 인류와 가장 비슷한 침팬지도 수백 마리를 이끄는 집단을 만든다고 한다. 그러나 우리 인간은 수천 명이 모인 기업이나 수천만 인구가 사는 국가를 만들었다.

인간의 집단은 왜 이 정도로 거대하고 복잡하게 진화한 걸까? 그것은 인간이 언어를 만든 후 다양한 '환상'을 공유했기 때문이다.

인간의 집단은 환상으로 이루어졌다.

그래서 인간은 내가 어느 집단에 소속되어 있는지 확인할 수 있고, 또 마음에 들지 않으면 그 집단을 '떠날' 수도 있다.

이 점이 동물과 인간의 큰 차이점이다. 즉 동물은 본능만으로 집단을 만들었지만 인간은 본능과 환상으로 집단을 만들었다.

가족도, 국가도, 사회도, 거기에는 딱히 생물학적인 근거가 없다. 부모 자식은 유전자로 공유되어 있다고 생각하는 사람도 있지만, 입양을 통해 친부모 이상으로 자녀와 깊은 유대감을 맺고 있는 가족도 있다.

국가나 민족도 마찬가지다. 물론 우리나라 특유의 유전자는 있겠지만, 국민을 하나로 묶는 것은 유전자가 아니라 '우리는 한 민족'이라는 환상이다.

환상은 본능을 뛰어넘는 강력한 지배력을 가지고 있다.

어렸을 때를 떠올려 보자. 초등학교나 중학교의 학급에는 반드시 몇 개의 그룹이 존재한다. 외모를 가꾸는 그룹, 특정 만화를 좋아하는 그룹, 장난기가 많은 그룹 등 다양한 그룹이 만들어지고, 그 그룹 안에서는 암묵적인 상하관계나 따돌림이 일어나기도 한다. 학교를 졸업하면 초등학교 때 어떤 그룹에 속했는지는 거의 무의미하게 된다. 그러나 학교라는 '집단'에 있을 때는 자신이 어떤 그룹에 속하는지가 말 그대로 '생사의 문제'가 된다.

그리고 그것은 어른이 된 후에도 마찬가지다.

가족, 회사, 친구 등 사람을 하나의 집단으로 묶는 것은 환상에 지나지 않는다. 그러나 그 환상은 우리의 현실을 강력하게 지배한다.

집단에서 버려질지도 모른다는
공포

인간이 만든 집단은 환상에 기초한 것이지만 개개인에게는 '현실' 그 자체다. 그렇기 때문에 우리는 집단에서 버려지는 것을 몹시 두려워한다.

그러나 인간의 집단이 본능이 아닌 환상에 기초한 이상 우리의 집단은 계속 변하기 마련이다. 따라서 집단에서 버려지는 것을 그렇게 두려워할 필요는 없다.

실제로 인간은 동물과 달리 여러 집단에 속해 살아간다. 특히 근대 이후에는 가족과 사회, 회사 등 동시에 여러 집단에 속하는 것이 당연해졌다. 이렇게 다양한 집단에 동시에 속할 수 있는 이유는 인간의 집단은 본능이 아니라 환상에 기초하고 있기 때문이다.

근대 이전의 신분이 고정된 사회에서는 농민으로 태어난 사람은 평생 농민으로 지내야 했고, 귀족으로 태어난 사람은 평생 귀족으로 살아야 했다. 그러한 시대에 사람은 집단 한 개만으로 만족하며 살 수 있었다. 반대로 말하면, 그런 사회에서는 마음대로 집단을 바꾸는 것이 현실적으로 불가능했고, 집단을 바꿀 필요도 없었다.

근대 이후로 들어와 사람은 직업이나 배우자, 상황에 따라서는 거주하는 나라까지 자유롭게 선택할 수 있게 되었다. 다만 그 자유를 얻은 대신에 우리는 하나의 집단만으로는 만족할 수 없게 되었다.

일에서 성공하고, 친구와 가족과 애인에게 둘러싸여 있으며, 예술과 취미활동을 활발하게 즐기는 사람이라도 정작 자신은 공허감을 느끼는 경우가 있다. 그 이유는 지금 이 '집단'이 아무리 좋아도 언젠가 거기서 버려질지도 모른다고 마음속으로 예감하고 있기 때문이다.

일을 예로 들자면 전직이나 퇴직, 주부를 예로 들면 자녀의 독립이 그러하다. 즉 삶의 모습이 바뀌면 내가 소속된 집단도 바뀌게 되어 있다. 은퇴 후 앞으로 어떻게 살아야 할지 모르겠다는 것은 '회사'라는 집단에서 멀어졌기 때문이고, 자녀가 성장한 후 엄마로서의 삶이 사라졌다는 것은 자녀가 '가족'이라는 집단에서 멀어져 더 이상 '엄마'의 자리가 필요 없어졌기 때문이다.

또한 개인의 가치관과 감성이 변해서 집단이 바뀌는 경우도 있다. 딱히 일에 스트레스를 받지 않아도 같은 일을 10년, 20년 반복하다 보면 일에 대한 회의감이 밀려올 때가 있다. 그리고 무언가에 성공을 이루고 나면 매우 소중했던 사람이 하찮아지는 경우도 있다. 개인의 성장과 성공은 집단 안에서 내 위치를 높여주기도 하지만, 반대로 집단 안에서 내 자리를 빼앗기도 한다.

우리는 근대화 사회 속에서 자유롭게 살아갈 권리를 얻은 대신에 집단 안에서 마음 놓고 살아갈 자리를 빼앗겨버렸다.

> 문득 인생에 공허감이 찾아온다면,
> 그 공허감은 내가 열심히 쌓아 올린 노력이
> 집단이라는 파도에 의해
> 힘없이 무너질지도 모른다는 불안감일 것이다.

과잉적응과
현대인

회사에서 출세한다, 행복한 가정을 만든다, 사회에서 중요한 역할을 맡는다……. 이렇듯 우리는 '집단 안에서의 자기실현'을 꿈꾼다. 다시 말하지만, 인간은 집단을 살아가는 사회적 동물이다.

가족과 회사라는 집단 안에서 자신의 꿈을 이루기 위해 노력하는 것은 충실한 인생을 보내는 훌륭한 방법 중의 하나다. 그러나 여기서 내가 묻고 싶은 질문이 하나 있다.

"우리가 인생에서 가장 먼저 생각해야 할 것은 무엇일까?"

회사나 가족, 친구나 애인이라는 인간관계는 집단 안에서 내 자리를 만들어주는 중요한 매개체다. 그러나 내 몸과 마음을 망가트려가면서까지 집단 안에서 내 자리를 확보하는 것은 잘못된 방식이다.

가족이나 친구, 회사나 사회라는 집단은 우리에게 다양한

우리는 집단을 살아간다

역할을 제공해준다. 그리고 우리는 집단 안에서 그 역할을 하나씩 해나가면서 내 자리를 넓혀간다. 일이나 자녀양육처럼 집단 안에서 이루는 자기실현은 상대방에게 커다란 행복감을 안겨준다.

그러나 우리는 집단의 요구나 다른 사람의 기대를 모두 충족시켜줄 수는 없다.

내 몸과 마음을 망가트려가면서까지
집단의 요구와 기대에 맞추려는 심리를
나는 '과잉적응'이라고 부른다.

실제로 세상에는 다른 사람의 요구를 최우선으로 생각하는 사람들이 상당히 많이 있다. 좋아하는 이성에게 모든 걸 쏟아부은 후 지쳐버린 사람, 부모의 기대를 저버리지 않으려고 열심히 공부하는 아이들. 이것은 모두 집단의 기대에 부응하려는 '과잉적응'의 예다.

"나는 나름대로 균형을 맞추고 있다고!"

이렇게 말하는 사람도 자신이 과잉적응에 빠지지는 않았는지 한번 생각해볼 필요가 있다. 과잉적응에 빠진 사람은 자신의 행동을 객관적으로 보지 못한다. 그리고 과잉적응에 빠진 사람들은 대부분 다른 사람의 기대를 충족시키려고 병적으로 노력한다. 블랙 컴퍼니에서 밤낮으로 일하는 사람들은 대부분 자신이 얼마나 혹독한 환경에 처해 있는지 알지 못한다.

특히 현대인에게는 다른 사람의 기대나 사회의 기대를 저버리지 말아야 한다는 가치관이 뿌리 깊게 박혀 있다. 이 가치관 자체는 나쁘지 않지만, 한 시대가 이러한 가치관을 강요하면 인구 전체가 과잉적응에 빠질 위험이 있다. 지금 우리 사회에서는 다른 사람에게 모든 걸 맞추려다가 정작 자신이 망가지는 경우가 드물지 않게 일어나고 있다.

다른 사람의 기대에 부응하려는 마음은 결코 나쁜 것이 아니다. 그러나 만약 다른 사람의 기대에 부응하려다가 내 몸과 마음이 망가졌다면 주저하지 말고 '도망치길' 바란다.

인간은 본래 어떻게 살아도 살아진다.

이것이 인생의 대원칙이다. 다른 사람의 기대를 충족시키지 못해도 내가 지금껏 살아온 대로 살아가면 된다. 이 사실을 꼭 기억해두길 바란다.

다른 사람을 위한 인생에서
벗어나자

인간은 본래 어떻게 살아도 살아진다.

내가 이렇게 말하면 사람들은 모두 의아한 표정을 짓는다. "다른 사람을 배려하지 않고 내가 하고 싶은 대로 하라는 말인가?" 하고 말이다.

다른 사람을 전혀 신경 쓰지 않고 내가 하고 싶은 대로 하고 사는 것은 확실히 바람직한 삶은 아니다. 그러나 '그렇게 하지 말아야 할' 이유도 딱히 없다. 인생을 내 것으로 만들기 위해서는 '내가 하고 싶은 대로' 하고 살 필요가 있다.

인생의 대부분의 시간을 인간관계에 쏟아 붓는 사람이 세상에는 의외로 많다.

지금 자신의 스케줄표를 한번 바라보길 바란다. 거기에 나를 위한 시간이 얼마나 있는가?

일은 물론이고 개인적인 약속까지 포함해 '온전한 나만의 시간'은 얼마나 될까? 이를테면 금요일에 잡힌 회사 동료들과의 회식 약속은 정말 내가 바라서 잡은 약속일까? 회식에 참석하지 않으면 동료들에게 따돌림당할지도 모른다는 불안감에 잡은 약속은 아닐까? 매일 직장에서 하는 일은 내가 진심으로 하고 싶어서 하는 일일까? 아니면 상사가 시켜서 어쩔 수 없이 하는 일일까?

이런 식으로 하나씩 하나씩 내 스케줄표를 다시 한번 확인해보라. 스케줄표에 잡힌 그 약속들은 내가 진심으로 하고 싶은 일이 아니라 다른 사람의 기대를 채워주기 위해 어쩔 수 없이 잡은 약속이 대부분일 것이다.

일본의 열차는 정확한 시간표대로 운행되는 것으로 유명하다. 열차 도착시간이 1~2분만 늦어져도 승강장에서는 사과 방송이 흘러나온다. 이는 일본에서는 당연한 풍경이다. 그런 나라는 전 세계를 둘러봐도 아마 일본뿐일 것이다. 집단의 요구에 부응하는 나라별 순위를 꼽으면 일본이 1위를 차지할지도 모른다.

정해진 시간에 일어나고 정해진 시간에 회사를 간다, 정해진 시간에 점심을 먹고 늦지 않게 회사로 돌아온다, 일이 끝나

우리는 집단을 살아간다

면 친구와 만나기로 한 장소로 달려간다. 집단 안에서 다른 사람의 요구를 충족시키기 위해 노력하는 일본인의 삶은 마치 시간표대로 운행되는 전철과 같다.

표면적으로는 스케줄표에 빈 공간이 많아도 '마음속 시간표'가 빼곡한 이들도 있다.

"왜 나한테 그런 말을 했지?"

"다음에 만나면 꼭 싫은 소리를 한마디 해야겠어."

이처럼 혼자 있어도 머릿속에는 직장동료나 선배 또는 가족이나 지인이 한 말로 가득 차 있다면 그것은 '나만의 시간'이라고 말할 수 없다.

우리의 '마음속 시간표'는 다른 사람을 위한 시간으로 가득 차 있다고 해도 과언이 아니다.

솔로타임은 어느 곳에 사는 누구이든 상관없이 모든 현대인에게 반드시 필요하다. 특히 다른 사람의 시선을 많이 의식하는 사람일수록 때때로 혼자 있는 시간이 필수적이다. 그러한 사람에게는 솔로타임이 인생의 '생존전략'이 되어줄 것이다.

Think

나도 모르게

또 스마트폰을 잡고 말았네.

중도하차를 해도
상관없다

    사람들은 회사업무, 가족모임, 친구와의 약속 등 타인을 위해 막대한 시간을 쏟으면서 자신의 시간을 소모해간다. 우리는 무의식중에 회사나 인간관계가 만든 '집단의 법칙'에 지배되고 피폐해진다.

    그렇기 때문에 우리는 정기적으로 집단에서 벗어나 솔로타임을 가지면서 몸과 마음에 쌓인 피로를 풀어야 한다. 구체적으로 말하면, 일주일에 한두 시간이라도 좋으니 혼자 있는 시간을 확보하길 바란다. 그런 시간에 산책을 가거나 커피숍에서 느긋하게 책을 읽는 것만으로도 인생은 크게 바뀔 수 있다.

    여기서 솔로타임을 보내는 중요한 방법 하나를 소개하겠다.

그것은 가능한 한 '목적의식'을 버리는 것이다.

평소에는 그다지 의식하지 못하지만 우리의 행동 대부분에는 무언가 목적의식이 숨어 있다. 이를테면 '걷는다'는 행위 하나에도 어떠한 목적이 있다. 출근길에 바쁘게 걷는 것은 '회사에 지각하지 않기 위한' 목적이고, 피트니스센터에서 걷는 것은 '건강을 위한' 또는 '다이어트를 위한' 목적이다.

목적의식을 버리지 않으면 솔로타임의 진짜 의미를 만끽할 수 없다. 왜냐하면 '○○을 위한'이라는 목적의식은 대부분 '집단의 요구'에 부응하려는 노력이기 때문이다.

솔로타임을 위해 산책을 할 때는 '운동'이나 '맛집 탐방'이라는 목적의식을 버리고 그저 '걷는' 행위에 집중해보라. 그러면 평소와 같은 산책이라도 '솔로타임'의 기능을 발휘할 수 있다.

솔로타임은 '방황'과 비슷하다. 이를테면 전철을 타고 퇴근할 때 집이 아닌 다른 역에 한번 내려보자. 그곳은 우리가 지금까지 스쳐 지나가기만 했을 뿐 한 번도 들러본 적이 없는 동네일 것이다. 이처럼 낯선 동네에 도착하면 사람은 신선한 공기를 느끼게 된다. 집단 속에서 피폐해진 현대인에게는 그러한 신선한 공기가 필요하다.

현대인들 대부분은 어른이 될 때까지 중도하차 한번 하지 않고 앞만 보며 인생을 걸어간다. 유치원, 초등학교, 중학교, 고등학교, 대학교를 졸업한 후 회사에 입사하고 결혼을 하고 자녀를 낳는다. 그러는 동안 우리는 중도하차 없이 계속해서 집

우리는 집단을 살아간다

단을 바꿔나간다. 그리고 무의식중에 집단에서 버려질지도 모른다는 공포심을 키워간다.

인생은 원래 자유로운 것이다. 자유롭게 살아갈 때 비로소 인생은 빛난다.

동물원에 있는 동물은 야생에 있는 동물보다 수명이 짧다고 한다. 그것은 아마 야생에서 사용해야 하는 이빨이나 발톱, 우람한 팔, 그리고 누구보다 빠른 다리를 제대로 활용하지 못하기 때문일지도 모른다.

우리는 지금 동물원에 있는 힘없는 사자와 마찬가지로 인생의 불을 지피지 못하고 그저 연기만 태우고 있는 것인지도 모른다. 집단에서 벗어난 혼자 있는 시간, 솔로타임만이 우리의 진짜 힘을 일깨워줄 수 있다.

방전된 에너지는
혼자 있을 때 충전된다

　집단 안에서 방전된 인생의 활기는 집단 밖에서 충전된다.

　이 말은 인생의 철칙이나 마찬가지다. 직장동료에게 상처받았다면 회사 밖에서, 가족에게 상처받았다면 집 밖에서 그 상처를 치유해야 한다.

　직장동료나 가족에게 상처받았을 때는 가볍게 등산을 하거나 꽃이 피어 있는 공원을 걷는 것도 좋은 방법이다. 최근 주말농장을 하는 직장인도 늘어났지만, 집단에서 잠시 벗어날 수만 있다면 주말농장도 솔로타임을 만끽하는 하나의 좋은 방법이다.

　"굳이 주말농장 같은 것을 하지 않아도 집에서 TV를 보거나 게임을 하면서 느긋하게 시간을 보내는 것도 좋지 않을까?"

　이렇게 생각하는 사람도 있을 것이다.

　그러나 스마트폰의 전원이 켜지면 우리는 SNS를 통해 습관처럼 '집단의 분위기'를 읽으려고 한다. 이처럼 회사나 집 근처에서는 일이나 가족 문제에서 벗어나기 어렵다.

평소에 내가 자주 가는 '장소'나 '분위기'에서 벗어나면 집단 안에서 받은 상처를 치유받을 수 있다. 만약 도심에 사는 사람이라면 일주일에 한 번 정도는 교외에 있는 공원에 가거나 흙과 물이 많은 자연을 찾아가는 것도 솔로타임을 즐기는 좋은 방법이다. 또한 조용한 절을 가보는 것도 좋다.

나는 작은 절에서 산책하는 것을 좋아한다. 절이라는 '무의 세계'를 걷다 보면 집단의 의식에서 벗어날 수 있기 때문이다.

사람은 마음에 상처를 받았을 때 누군가가 치유해주길 원한다. 그러나 내 마음속 공허감은 절대 다른 사람이 채워주지 못한다. 누군가가 치유해주길 바라는 마음이라면 반드시라고 해도 좋을 정도로 결국 치유받지 못할 가능성이 높다. 그것은 집단 안에서 받은 상처를 집단 안에서 치유받으려고 했기 때문이다.

집단 안에서 받은 상처는 집단 밖에서 치유해야 한다.

아주 잠깐이라도 좋으니 일상을 벗어나 혼자만의 시간을 가지는 것, 그것만으로도 우리는 집단 안에서 피폐해진 몸과 마음이 치유되고 인생의 활기를 되찾을 수 있다.

2

진짜

내 인생을

발견하는 방법

인생을 바꿔주는
진정한 자기실현

우리나라 사람들은 이력서의 빈 공간을 싫어한다. 또한 일에서도 인간관계에서도 오로지 쉼 없이 한 길만을 걸어가려고 생각한다. 그러나 이것만큼 자신의 숨통을 조이는 생각도 없다.

초등학생 때부터 프로야구 선수를 꿈꾸며 오로지 야구만을 해온 사람에게는 야구 이외에 다른 특기가 없다. 이런 사람이 부상으로 더 이상 야구를 할 수 없게 된다면 아마 눈앞이 깜깜해질 것이다. 이와 마찬가지로 전교 1등을 꿈꾸며 오로지 공부만을 해온 사람에게는 그 꿈이 이뤄지면 더 이상 목표가 없어지게 된다.

이렇듯 우리는 항상 집단 안에서 자기실현을 꿈꿔왔다. 그러나 집단 안에서 아무리 성공해도 그것은 '진짜 내 인생'이 되지 못한다.

사회적으로 꽤 성공한 사람이라도 자신의 인생에 만족하지 못하는 경우는 의외로 많이 있다. 집단 안에서 꿈꾸는 자기실현은 공허감만 남길 뿐이다. 나는 정신건강의학과 의사로서 많은 사람들을 만나오면서 이 사실을 깊이 깨달았다.

그러면 어떻게 해야 좋을까?

공허감을 채워주는 열쇠는
집단 밖에 있다고 생각한다.

우리의 인생에는 커다란 가능성이 숨어 있다. 하지만 그 가능성은 집단 안이 아니라 집단 밖에 있다. 아무리 사회적으로 성공해도, 아무리 믿을 만한 친구가 많이 있어도, 우리가 그것으로 얻을 수 있는 것은 '집단 안에서의 내 위치'에 불과하다.

집단 속에서 사람들과
아무리 좋은 관계를 맺는다 해도 그것만으로는
절대 내면의 충족감을 얻을 수 없다.

앞에서 몇 번이나 얘기했듯이, 소중한 인간관계나 집단 안에서의 내 위치도 물론 중요하다. 그러나 지금 내가 주장하고 있는 것은 '진정한 자기실현은 집단 밖에 있다'는 사실이다. 이것은 곧 '제2의 자기실현'이라고 말할 수 있다.

우리의 인생을 빛내줄 진짜 열쇠는 집단 안이 아니라 집단 밖, 즉 혼자 있는 시간에 있다.

Think

중도하차를 해도 상관없다니,

그런 무책임한 말이 어디에 있어?

우리나라에서는 이력서에 빈 공간이 조금이라도 있으면

현실적으로 불리하다고!

집단은 진짜 재능을
인정해주지 않는다

"사람에게는 누구나 재능이 있다."

많은 사람들이 이렇게 말한다. 그러나 그 재능의 씨앗을 키워나가는 사람은 현실적으로 극히 일부에 불과하다. 또한 한번 인정받은 재능을 20~30년 동안 유지하는 사람도 거의 없다.

하지만 나는 그러한 현실 속에서도 사람에게는 누구나 재능이 있다고 여전히 생각한다. 왜냐하면 재능이란 '정해진 틀로 평가될 수 없는 능력'이기 때문이다.

머리가 좋다, 노래를 잘한다, 춤을 잘 춘다, 글을 잘 쓴다 등등의 능력을 나는 재능이라고 부르지 않는다. 세상을 뒤흔들만한 진짜 재능은 '기존의 평가 축'으로 인정받기 어렵다.

생각해보면 당연한 일이다. 아직 평가기준이 없는 '진짜 재능'만이 세상을 바꿀 수 있기 때문이다.

에디슨도, 라이트 형제도, 스티브 잡스도 모두 '천재'였지만,

그들은 사회적으로(즉 집단의 평가기준으로) 인정받기 전까지는 모두 '이상한 사람'에 불과했다. 그러나 그 '이상한 행동'에 그들의 재능이 숨어 있었다.

재능이란 그 사람이 가진 독특한 '감각세계'다. 따라서 재능은 꽃으로 피어나야 비로소 세상에 드러나 그 가치를 인정받을 수 있다.

우리는 에디슨이 발명한 전구나 라이트 형제가 발명한 비행기, 그리고 스티브 잡스가 만든 아이폰의 훌륭함을 잘 알고 있다. 그러나 그 발명품이 탄생하기 전까지 그들의 '감성'과 '감각세계'를 인정해주는 사람은 아무도 없었다.

그렇기 때문에 나는 주변의 이해도, 공감도 필요 없는 감성과 감각세계만이 재능의 본질이라고 생각한다.

집단 안에서 쉽게 인정받고 찬사받는 재능은 '손때 묻은 재능'에 불과하다. '손때 묻은 재능'은 기존에 있었던 무언가를 다시 만든 것일지도 모른다. 아무리 참신하고 기발한 재능이라도 집단 안에 있는 한 그것은 '진정한 재능'이 되지 못한다.

몰두의 힘

진짜 재능은 꽃이 피어야 그 가치를 인정받을 수 있다.

그러면 재능의 꽃을 피우는 방법은 무엇일까? 아직 평가기준이 확실하지 않은 재능의 싹을 발견하기 위해서는 어떻게 해야 할까?

이것은 매우 어려운 문제이지만, 적어도 심리학에서는 재능의 싹을 키우는 한 가지 원칙이 있다. 그 원칙은 바로 '집중'이다. 공부든 운동이든 어느 한 가지에 집중하고 있는 동안에 재능의 싹은 자라게 되어 있다.

그것은 왜일까?

그 이유는 다양하지만 한 가지 분명한 사실이 있다.

무언가에 집중할 때면 우리는 집단의 평가에서 벗어나 나만의 기준으로 일에 몰두할 수 있기 때문이다.

비록 집단 안에 있을지라도 집중은 나만의 시간, 즉 솔로타임을 가지는 것과 같다.

비행기 만들기에 매진한 라이트 형제의 집중력은 아마 세상 사람들의 눈에는 광기로밖에 보이지 않았을 것이다. 그러나 그 광기에 찬 집중력이 인류의 역사를 바꿔주었다.

시간 가는 줄 모르고 무언가에 몰두하는 사람은 집단 안에서도 튀기 마련이다. 반대로 말하면, 집단 안에서 다른 사람의 눈을 의식하는 한 우리는 무언가에 몰두하기 어렵고, 그 결과 재능의 싹은 자라지 못하게 된다.

현재에는 불확실한 가치만이 미래에 가치를 낳는다. 진짜 재능은 아무도 그 가치를 인정해주지 않는 잠재기간 동안 그 싹이 자라난다.

재능을 키워주는
올바른 방법

앞에서 보았듯이 아직 재능이 꽃피지 않은 잠재기간 동안에는 그 능력을 인정받기 어렵다.

아직 확실한 평가기준이 없는 누군가의 재능을 키워주는 방법은, 그 사람이 보여주는 광기에 찬 집중력을 방해하지 않는 것밖에는 없다.

다른 사람의 집중력을 방해하지 말 것.

이것이 재능의 꽃을 피워주는 가장 효과적인 교육 방법이다.

다만 아이의 재능을 키워주기 위해 부모나 교사가 해야 할 일이 있다. 그것은 사회에 적응하는 방법을 알려주는 것이다. 재능을 키워주기 위해 다양한 공부를 시키는 것이 아니라, 한 사람의 인간으로서 사회에 적응할 수 있는 능력을 키워줘야 한다. 특별할 것 없는 이것이 아이의 재능을 키워주는 가장 효과적인 방법이다.

세상에는 사회에 적응하지 못해 자신의 재능을 충분히 펼치지 못한 비운의 천재들이 많이 있다. 만약 남들처럼 사회에 적응할 수 있었다면 그들은 더 많은 재능을 보여주었을지도 모른다. 이렇게 세상 밖으로 나오지 못한 재능은 우리가 상상하는 것 이상으로 많을 것이다.

상대성이론을 발표해 과학의 역사에 한 획을 그은 천재 알베르트 아인슈타인도 서른 살이 넘어서야 연구를 시작할 수 있었다. 그전까지 그는 연구와는 전혀 관계가 없는 특허청 직원이었다. 아인슈타인 같은 천재도 세상에 인정받기 전까지는 사회, 즉 집단 안에서 '자신의 자리'가 필요했다.

재능은 누구에게나 있다. 그리고 그 재능을 인정받기 전까지는 집단 안에 있어야 할 필요도 있다.

부모는 자녀의 재능을 키워주기 위해 많은 노력을 기울이지만, 그것에 막대한 시간과 돈을 투자할 필요는 없다. 모순처럼 들릴지 모르지만, 누군가의 재능을 키워주기 위해 우리가 할 수 있는 것은 그 사람이 사회, 즉 집단에 적응할 수 있도록 가르쳐주고 지원해주는 방법밖에는 없다.

목적 없는
시간의 힘

집단에서 벗어나 주변의 평가를 의식하지 않고 묵묵히 자신만의 세계에 몰두할 때 재능은 꽃을 피울 수 있다.

이렇게 말하면 해탈을 위해 연마하는 스님의 이미지가 떠오를지도 모른다. 그러나 딱히 '수준 높은 것'에 몰두하지 않아도 된다. 내가 깊이 빠질 수 있는 것이라면 게임도, 만화도 상관없다.

내가 어렸을 때는 "독서는 좋은 습관이지만 만화책을 읽는 건 나쁜 행동이다"라는 가치관이 아직 강하게 남아 있었다. 그때는 많은 사람들이 만화책을 무시했다. 그러나 지금 일류 만화가로 활동하고 있는 사람들은 대부분 부모 몰래 만화책에 몰두하며 어린 시절을 보냈을 것이다.

자녀가 하루에 몇 시간이나 게임에 빠져 있으면 옛날은 물론이고 지금도 많은 부모들이 걱정을 한다. 그러나 지금 크리

에이터나 프로그래머로 활동하고 있는 사람들은 과거에 남들보다 게임에 몰두한 시간이 더 많았을 것이다.

어린아이들은 어른들이 지겨워할 정도로 똑같은 DVD를 몇 번이나 반복해서 본다. 한 장면에 '빠지면' 그 장면만 계속 돌려 보면서 크게 웃는다. 그 이유는 다른 사람에게는 무의미한 장면이라도 본인에게는 큰 가치가 있기 때문이다.

이렇듯 세상의 눈에는 전혀 무의미하고 가치가 없는 것처럼 보여도, 그것에 몰두하고 있을 때 재능의 싹은 자라난다.

그러니 내 눈에는 하찮고 의미 없는 행동처럼 보일지라도 다른 사람의 집중을 방해해서는 안 된다.

집단의 평가에서 벗어나 무언가에 몰두하고 있을 때만이 배움의 기쁨을 느낄 수 있기 때문이다.

사람은 '미래의 고수익'이나 '누군가가 시킨 일'이라는 외적 동기로는 배움의 기쁨을 얻을 수 없다.

"목적의식을 높이자"란 말은 언뜻 보기에 대단한 말처럼 느껴지지만, 자칫하면 그것은 "집단의 기대에 부응하라"라는 말밖에 되지 않는다. 자발적 동기가 없는 상태로 다른 사람의 정보만 습득하다 보면 살아 있는 지식을 얻을 수 없다.

인간의 집중력은 '집단의 기대'에서 벗어났을 때 최대한으로 발휘된다. 즉 목적의식이나 칭찬욕구에서 벗어났을 때 뇌는 자신의 힘을 최대한으로 끌어낸다.

좋아하는 과자로 손이 갈 때 우리의 머릿속에는 "조금만 먹으면 살 안 찐다" "저녁을 굶으면 된다"라는 목적의식은 사라지고 없을 것이다. 그저 묵묵히 혀와 입속에서 맛과 식감을 느끼고 싶을 뿐이다.

좋아하는 과자를 먹는 것처럼 한 가지 일에 묵묵히 몰두하고 집중하는 것, 이 행동은 '솔로타임' 그 자체다. 이러한 솔로타임은 우리의 감각적 재능을 키워준다.

사회적인 성취가
행복으로 이어질까

재능은 사회적 성공의 수단이 아니다. 재능은 인생을 보다 빛나고 행복하게 만들어줄 뿐이다.

물론 결과적으로 보면 꽃을 피운 재능은 부와 명예를 안겨다 주기도 한다. 그러나 그것은 어디까지나 결과에 지나지 않는다. 딱히 부와 명예로 이어지지 않아도 '꽃이 핀 재능'은 그 사람에게 만족감을 안겨준다.

재능이 '꽃을 피우면' 지금까지 할 수 없었던 것을 할 수 있게 되고, 지금까지 보이지 않았던 것이 보이게 된다. 그것은 기존의 세계관에서 벗어나 다른 세계관을 갖는 것과 같다. 심리학적으로 보면, 기존과 다른 세계관은 그 사람에게 엄청난 기쁨을 제공한다. 그것은 일에서 성공하거나 부자가 되는 것만으로는 얻을 수 없는 커다란 만족감이다.

최근 '격차'의 문제가 화제가 되고 있다. 국제협력단체인 옥

스팸이 2017년에 발표한 보고서에 따르면, 세상에서 가장 돈이 많은 슈퍼리치 여덟 명의 총자산액은 세계 하위 50퍼센트 사람들의 총자산액과 같다고 한다.

이렇듯 세계 규모로 사람들의 경제 상황을 봤을 때는 무서운 격차가 존재하는 것도 사실이다. 그러나 경제적 격차에 의해서 반드시 행복이 좌우되는 것은 아니다.

물론 연봉과 행복도에는 어느 정도 상관관계가 있다. 하지만 연봉이 '어느 수준' 이상이 되면 금전적 풍족함과 정신적 행복도는 상관없게 된다. 2002년 노벨 경제학상을 수상한 프린스턴대학의 대니얼 카너먼 교수의 말에 의하면, 정신적 행복도는 연봉 7만 5천 달러(약 8천만 원)까지는 수입에 비례하게 증가하지만, 7만 5천 달러가 넘으면 행복도가 더 이상 증가하지 않는다고 한다. 이와 비슷한 연구조사에서도 똑같은 결과가 나온 것을 보면, 금전적 풍족함과 정신적 행복도의 낮은 상관관계는 어느 정도 보편적인 것이라고 말할 수 있다.

경제적으로 매우 가난한 나라인 부탄의 국민행복도가 세계 최고 수준이라는 연구결과가 나와 한때 매우 화제가 됐다. 이렇듯 경제수준이나 사회적 성공은 정신적 행복도와 직결되지 않는다. 경제적 빈곤이 불행을 초래하는 것은 사실이지만, 경제적 풍족함이 반드시 행복을 가져오지는 않는다.

그 이유는 경제적 풍족함이나 사회적 지위는 '집단 안에서

이룬 자기실현'에 불과하기 때문이다. 집단 안에서 얻은 행복
감은 어디까지나 '나는 저 사람에 비해 행복하다' 또는 '불행하
다'라는 타인과의 비교밖에 되지 않는다.

그러한 상대적 행복감에는 한계가 있다.

'평생 열심히 일해서 가족을 부양하고 친구들과 좋은 관계
를 유지한다.'

집단 안에서 이루는 이러한 자기실현은 우리에게 공허감을
안길 때가 있다. 마음 깊은 곳의 공허감을 극복하고 진짜 내 인
생을 살고 싶다면 집단에서 벗어나 나의 세계관을 바꿀 필요
가 있다.

진짜 내 인생을 발견하는 방법

나의 세계관은
어디서 왔을까

"경제적 성공이 반드시 행복을 보장하지는 않는다."

내가 이렇게 말하면 사람들은 고개를 들고 따지듯이 나에게 항의한다. "하지만 당신도 속으로는 '돈이 최고'라고 생각하잖아" 하고 말이다.

나에게 이렇게 항의하는 사람들은 '돈이 최고'라는 세계관을 언제 어디서 갖게 됐는지 찬찬히 돌아볼 필요가 있다.

내가 가진 세계관은 주변 사람과 깊은 연관이 있다.

이를테면 사업에 실패해 자신감을 잃었거나 실연으로 열등감에 빠졌다면 다른 사람을 믿을 수 없게 된다. 다른 사람을 믿지 못하면 세상은 당연히 괴로운 곳이 된다. 그러면 "그런 소리는 모두 거짓말이야. 속으로는 모두 부자가 되길 원하잖아."라는 생각에 빠져들기 쉽다.

한번 이런 생각에 빠진 사람들의 눈에는 모든 사람이 '적'으로 보일 수밖에 없다. 그리고 다른 사람이 적으로 보이기 시작하면 점차 자신을 긍정할 수 없게 된다.

내 경험으로 미뤄 보면,
부자와 가난한 사람 사이에 있는 경제적 '격차'보다
세계관이 다른 사람 사이에 있는 '벽'이 훨씬 높다.

나는 여기서 돈은 아무래도 상관없다고 말하는 것이 아니다. 물론 돈은 중요하다. 돈이 없어서 내일 당장 먹을 음식이 걱정이거나, 몸이 아픈데도 치료비가 없어서 병원에 가지 못하는 사람도 있다. 돈이 없는 사람은 가난한 상황에서 벗어나고 싶어 하고, 가끔은 주변 사람들이 부러워지기도 한다.

그러나 심리학적으로 보면 격차는 격차일 뿐 절대 벽이 아니다.

왜냐하면 엄청난 부자도, 매우 가난한 사람도 '부의 척도'는 같기 때문이다. 연봉 3천만 원이든 1억 원이든 '원'이라는 단위 자체는 같다. 하지만 세계관이 크게 다른 두 사람 사이에는 극복하기 어려운 거대한 벽이 있다.

'돈이 전부'라고 믿는 집단 안에 갇힌 사람은 그 벽 밖에 펼쳐진 세상을 정확하게 인식하지 못한다. 약육강식을 믿는 집단 안에 갇힌 사람은 자신이 강자인지 약자인지를 떠나서 사람이 사람을 돕는 세상이 있다는 것을 믿지 못한다.

같은 집단에 있는 사람은
서로 닮는다

사람은 자신과 타인이 얼마나 다른지 정확하게 알지 못한다. 왜냐하면 우리는 집단 안에서 나와 같은 생각을 하고 나와 비슷한 행동을 하는 사람하고만 어울리기 때문이다.

사회학자 피에르 부르디외는 집단 안에서 익힌 무의식적 행동이나 사고를 '집단적 관습(아비투스(Habitus))'이라 불렀다. 집단적 관습은 소속 집단에 따라 미묘하게 달라진다.

우리는 무의식중에 집단적 관습을 관찰한 후 눈앞에 있는 상대방을 '친구'인지 '적'인지 순식간에 구별한다. 그런 다음 나와 다른 '집단'은 멀리하고 나와 비슷한 '집단'에 다가간다. 그 결과 같은 집단에 있는 사람들은 말투와 표정, 옷 입는 스타일, 나아가서는 사고방식과 행동까지 닮아간다. 유전자가 전혀 다른 부부도 오랜 시간 함께 지내다 보면 점점 비슷해지듯이, 같은 시간과 같은 공간을 함께 지내다 보면 사람은 서로 닮아가게 되어 있다.

수많은 가족들을 만나면서 내가 느낀 점이 있다. 가족은 단순히 가정교육이나 가풍이라는 표면적 수준을 떠나, 생활을 공유하는 동안에 무의식중에 서로 닮는다는 것이다. 이것은 회사에서도, 친구관계에서도 마찬가지다.

이처럼 서로가 서로를 닮아가면서
집단 전체는 점점 성격이 비슷해진다.

비슷한 정장을 입고 취업활동을 하는 학생들이나 비슷한 옷을 입고 돌아다니는 친구들을 생각해보자. "비슷한 사람끼리 끌린다"란 말이 있듯이 우리는 무의식중에 나와 같은 집단적 관습을 가진 무리(학력, 수입, 가치관, 취미가 같은 사람이 속한 집단)를 선택한다. 그리고 집단적 관습으로 인해 우리의 가치관과 사고방식은 밖에서 보면 누가 누군지 전혀 구별할 수 없을 정도로 서로 유사해진다.

마술 거울에 가로막힌
우리들

집단과 집단 사이에 생긴 '벽'은 안에서는 밖이 절대 보이지 않고, 밖에서는 안이 투명하게 보이는 마술 거울과도 같다.

집단 밖에 있으면 집단의 일그러진 내면 세계관이 잘 보인다. 그러나 집단 안에 있으면 '집단 밖에 또 다른 세계가 있다'는 사실조차 인식하지 못하게 된다.

집단 안에서 상처받고, 다른 사람을 믿지 못하고, 부정적인 세계관에 사로잡힌 사람은 '집단 밖의 세계'를 현실로 받아들이지 못한다. 따라서 내가 속한 집단만이 세상의 전부라고 생각하며 살아간다.

정신건강의학과 의사로 일하며 5천 명이 넘는 사람들을 만나 대화하면서 내가 알게 된 것은, 다른 사람과 나 그리고 세상을 부정적으로 바라보는 사람일수록 남들도 나와 같은 세계관을 가지고 있을 거라고 착각한다는 것이다.

이러한 착각은 정신질환의 유무와 사회적 지위와는 관계없이 나타난다. 대기업 직원, 성공한 사업가, 취미생활이 많은 밝고 활발한 사람들도 의외로 삶의 괴로움을 많이 느낀다.

삶을 괴롭게 느끼는 사람들에게는 공통된 특징이 있다. 그것은 타인을 믿지 못하고 세상을 비관적으로 바라보는 일그러진 마음이다.

만약 이 세상에 정말 '격차'가 존재한다면 그것은 '벽 밖의 세상'을 상상하는 사람과 상상하지 못하는 사람, 즉 집단에 사로잡힌 사람과 집단에서 벗어난 사람 사이에 있는 '마음의 격차'일지도 모른다.

바깥세상이
보이지 않는 이유

　다른 사람과 자신에 대해서 부정적이고 어두운 세계관을 가진 사람은 자신이 상처받았다는 사실과 일그러진 세계관을 가지고 있다는 사실을 전혀 알지 못한다. 왜냐하면 그 사람은 세상을 '가혹한 현실'로 인식하고 있기 때문이다.

　세상을 가혹한 현실로 받아들이는 사람은 아무리 친절한 사람을 만나도 무언가 꿍꿍이가 있을 거라고 착각한다. 또한 일로 성공해서 수억 원의 돈이 생겨도 언제 그 돈이 사라질지 모른다며 전전긍긍한다. 이렇듯 자아상이 한번 일그러지면 사람은 아주 쉽게 악순환에 빠져들게 된다.

　사람들은 "인생은 마음먹기에 달렸다"라고 말한다. 하지만 반대로 "현실은 그리 쉽게 바뀌지 않는다"라고 말하는 사람도 있다. 그러나 심리학적으로 보면 이것은 다 틀린 말이다.

현실이란 '그 사람의 마음에 비친 실제 모습'이기 때문이다.

부정적인 자아상과 부정적인 타인상, 그리고 부정적인 세계관은 적어도 본인에게 있어서는 '자기가 만든 이미지'가 아니라 '현실' 그 자체다. 그렇기 때문에 블랙 컴퍼니에 다니는 사람은 회사를 그만둘 생각을 하지 못하고, 가정폭력에 시달리는 아내는 남편에게서 도망칠 생각을 하지 못하는 것이다.

많은 사람들이 마음 바꾸기의 중요함과 어려움을 잘 알지 못한다. 부정적인 자아상을 가진 사람은 긍정적인 나를 상상하지 못하고, 세상에는 따뜻한 면도 있다는 사실 또한 상상하기 어렵다.

Think

역시 긍정적인 생각이 중요해.

좋은 이미지를 떠올리면

자연히 현실도 좋아지겠지?

집단 안에서는
벽을 허물기 어렵다

부정적인 자아상과 부정적인 타인상 그리고 부정적인 세계관을 가지면 어떠한 문제가 일어날까?

이렇듯 부정적인 상태에 빠지면 어쨌든 모든 일이 잘 풀리지 않는다.

이를테면 우리가 거래처 담당자를 만날 때 밝은 표정으로 있는지, 어두운 표정으로 있는지에 따라서 상대방의 태도가 달라질 것이다. 당연한 이야기이지만, 어두운 표정으로 있을 때보다 밝은 표정으로 있을 때가 모든 면에서 성공률이 높아진다.

또한 영어 공부를 할 때나 다이어트를 할 때도 마찬가지다. 무언가 새로운 것에 도전할 때 밝은 마음으로 "이번에는 꼭 성공할 거야"라고 생각할 때와 어두운 마음으로 "어차피 또 실패할 텐데"라고 생각할 때는 그 결과가 다르다.

"마음에는 현실을 바꾸는 힘이 있다."

이 말에 많은 사람들이 동의한다.

긍정적인 마음을 가지는가, 부정적인 마음을 가지는가에 따라서 인생은 크게 바뀐다.

확실히 '마음'에는 현실을 바꾸는 힘이 있기 때문이다.

다만 여기서 주의해야 할 점이 있다. 마음이라는 것은 쉽게 바뀌지 않는다는 사실이다. 앞에서도 말했듯이 마음속에는 높은 벽이 있고, 그 벽은 좀처럼 넘기 힘들다.

다이어트를 할 때도 마찬가지고 영어 공부를 할 때도 마찬가지다. 사람은 좀처럼 바뀌기 어렵다. 그리고 무언가 바뀌기 위해서는 지속적으로 노력해야 한다. 어두운 세계관을 밝은 세계관으로 바꾸는 것도 당연히 쉽지 않다.

그리고 여기서 또 한 가지 분명한 사실이 있다.

집단에서 벗어나지 못하는 한
우리는 마음속에 있는 벽을 허물 수 없다.

"저 사람은 나를 어떻게 생각할까?"

"나를 싫어하면 어떡하지?"

이런 집단의 시각에서 벗어나지 못하면 마음의 벽은 깨지지 않는다.

집단적 사고를 극복하기 위해서는 혼자만의 시간이 반드시 필요하다. 그래야만 마음속에 있는 높은 벽을 허물 수 있는 가능성이 생기기 때문이다.

청소를 할까,
여행을 떠날까

익숙하고 정든 집단에서 벗어나 마음의 벽을 허물기란 그리 쉽지 않다. 그러나 우리는 누구나 '일시적'으로 집단에서 벗어날 수 있다.

집단에서 벗어나는 가장 쉬운 방법은 여행을 떠나는 것이다. 혼자서 며칠, 가능하면 3박 4일 이상으로 여행을 떠나보자. 그러면 아마 여행 둘째 날, 셋째 날부터는 마음이 가벼워지고 평소 고민했던 일도 별일 아닌 것처럼 여겨질 것이다.

여행을 떠나는 것만으로도 마음이 가벼워지는 이유는 우리를 둘러싼 '사람'과 '환경'이 바뀌기 때문이다. 여행을 떠나면 우리는 평소와 다른 사람을 만나고, 평소와 다른 공간에서 시간을 보내게 된다.

앞에서도 이야기했듯이, 인간은 항상 주변 사람들에게 강한 영향을 받는다. 그러나 사실 우리는 사람뿐만 아니라 옷이나 가구, 식사 등 나를 둘러싼 다양한 환경에 영향을 받는다.

여행을 떠나면 우리의 몸은 평소 익숙한 인간관계나 다양한 물건에서 멀어지고, 전혀 다른 '사람'과 '물건'의 영향을 받기 시작한다. 그 결과 우리의 의식은 자연히 '집단 안에 있는 나'에서 멀어지게 된다.

열차의 창밖을 바라보는 여행자의 표정에서는 너 나 할 것 없이 모두 철학자와도 같은 엄숙한 분위기가 흐른다. 어딘가 사색적이고 다소 긴장감이 떠돌기도 한다. 그것은 무의식중에 일상생활과 전혀 다른 '새로운 무언가'를 오감을 통해 받아들이고 있기 때문이다. 눈앞에 펼쳐진 미지의 풍경, 평소와는 다른 바람 냄새. 그러한 것을 느끼는 동안에 사람은 집단에 사로잡혔던 신체감각에서 벗어나게 된다.

인류는 농경과 정착생활을 시작하기 전에 수백만 년이라는 오랜 기간 동안 채집활동을 해왔다. 채집활동이란 '여행하는 생활'이다. 즉 사람은 수백만 년 동안 여행을 하면서 생활한 것이다. 이렇듯 여행은 인간에게 가장 자연스러운 행동이다.

우리 조상이 농경을 꿈꾸고 정착생활을 시작한 무렵부터 '집단'에 심리학적 문제가 발생했다고 해도 과언이 아니다.

다만 현대를 살아가는 우리는 여행만 하면서 살 수는 없다. 하고 있는 일과 아직 어린 자녀를 놓아두고 떠날 수는 없기 때문이다. 돈과 시간에 여유가 없어서 여행을 가지 못하는 사람도 있을 것이다.

그러한 사람들에게 나는 청소를 추천한다. 청소는 심리학적으로 여행과 비슷한 효과를 발휘한다.

여행과 청소에는 커다란 공통점이 있다.

그것은 물건을 버리는 것이다.

'미니멀 라이프'든, '정리의 마법'이든, 청소의 요점은 버리는 것에 있다.

여행을 떠나는 것은 우리 방에 있는 많은 물건을 잠시 버리는 것과도 같다. 그리고 청소도 버리는 행위다. 여행과 마찬가지로 청소도 물건에서 우리의 마음을 분리시키는 효과를 발휘한다.

책장에 꽂힌 책, 주방 선반의 그릇, 옷장 속의 옷. 말 그대로 우리는 24시간 동안 많은 물건에 영향을 받는다. 방에 놓인 수많은 물건은 우리 자아의 기반이기도 하다. 따라서 물건을 버리기란 의외로 쉽지 않다. 그러나 크게 마음먹고 물건을 버리면 우리는 기존의 나에서 벗어나 새로운 나를 만날 수 있다.

진짜 내 인생을 발견하는 방법

물건 하나를 버리는 것은 내 정체성 일부를 버리는 것과 같다.

오랜 시간 이동하며 지내온 채집 민족에게는 소유물이 그다지 많지 않았다. 그들의 소유물이란 가지고 다닐 수 있는 물건뿐이었다. 그러나 한 곳에 정착하고 소유물이 많아지면 많아질수록 우리는 수많은 물건에 다양한 영향을 받기 시작했고, 그만큼 정체성도 강해졌다.

그 결과 우리는 변화하기가 어려워졌다.

소유물이 적은 야생동물이 인간처럼 우울한 마음을 가지지 않는 것처럼, 사람도 가지고 있는 물건이 줄어들면 보다 가벼운 마음을 유지할 수 있다.

Think

지금부터 방 청소를 해볼까?

무엇부터 시작해야 하나?

고전과 판타지가
마음에 이로운 이유

어렸을 적 앨범을 보면 누구든 마음이 따뜻해질 것이다. 그것은 내 몸이 현재와 다른 시간에 반응했기 때문이다. 열 살 때의 내 사진을 보면 당시의 공기, 소리, 냄새, 생각 등이 무의식 중에 떠오른다.

이와 마찬가지로 우리는 고전이나 역사 또는 판타지 작품을 통해 먼 과거나 미래로 들어갈 수 있다.

여행이나 청소가 '공간에 반응하는'
심리학적 기술이라면, 고전과 판타지 읽기는
'시간에 반응하는' 심리학적 기술이다.

공자나 맹자, 그리스비극이나 로마신화를 읽다 보면 천 년 단위의 시간을 거슬러 올라가 먼 과거의 공기를 느낄 수 있다. 반대로 미래의 공기를 느끼고 싶다면 판타지 작품을 읽으면 된다.

"판타지는 만들어낸 이야기 아니야?"

이렇게 생각하는 사람도 있을 것이다. 그러나 작가의 상상력은 놀라울 정도로 현실을 반영한다.

〈은하철도 999〉와 〈우주전함 야마토〉라는 작품을 만든 마쓰모토 레이지는 "서기 2222년 철이가 은하철도 999를 타고 여행을 떠난다"라고 작품 속에 정확한 날짜를 설정해놓았다. 마쓰모토 레이지가 날짜를 정확하게 설정할 수 있었던 것은 다양한 자료와 지식을 모아 50년 후, 100년 후라는 미래 세계를 실제 세계처럼 상상했기 때문이다. 마쓰모토 레이지처럼 상상력이 뛰어난 작가의 판타지 작품을 보다 보면 가상의 미래 세계를 생생하게 느낄 수 있다.

또한 고전과 판타지 작품을 읽으면 '세상은 계속된다'라는 당연한 사실을 새삼 깨달을 수 있다. 그 생각은 평소 우리가 살아가는 '작은 집단'에서 벗어나 '큰 세상'에 반응할 수 있도록 돕는다.

"인류의 역사는 수천 년 전부터 현대로 이어져왔다. 나는 이 세상에 잠시 머무는 존재일 뿐이다. 내가 죽은 후에도 세상은 계속 돌아갈 것이다."

최근 한 치 앞만 내다보는 사람들이 늘어난 듯하다. 그러한 짧은 시각은 '작은 집단 속 인간관계'에서 비롯된 것이다. 내 인생을 100년, 500년, 1000년이라는 긴 시간 축으로 생각하면 집단 안에 물든 작은 세계관에서 벗어날 수 있다.

"높이 나는 새가 멀리 본다"라는 말이 있지만, 대부분의 사람들은 고작해야 10년, 아니면 2~3년 정도의 시간만 그리며 살아간다. 그러나 몇 백 년, 몇 천 년이라는 긴 시간 축을 넘나들다 보면 '작은 집단' 안에서 전전긍긍했던 나는 사라질 것이다.

고전과 판타지 작품을 어렵게 생각하는 사람도 있다. 그러나 처음부터 모든 내용을 이해할 필요는 없다. 지금 당장은 이해가 되지 않아도 서두르지 말고 한 문장 한 문장 그 내용에 내 몸을 반응시켜보자. '독서백편의자현(讀書百遍義自見)'이라는 말이 있다. 책을 백 번 읽으면 그 내용이 저절로 이해된다는 뜻이다. 지금 당장은 잘 알 수 없어도 글자를 천천히 읽어 내려가다 보면 점점 마음속의 시간 축이 확장될 것이다.

옛 선원들은 뱃길을 잃지 않기 위해 '움직이지 않는 별'인 북극성을 나침반으로 삼았다고 한다.

긴 시간의 축은 집단에서 벗어나 내 삶의 방향성을 잃지 않도록 도와주는 나침반과도 같다.

3

내 마음
점검하기

마음 상태를
확인하라

인생에는 오랜 세월 정든 집단에서 벗어나 '떠나야 할 때'가 반드시 찾아온다. 전직이나 창업은 물론 사람에 따라서는 가족 혹은 태어나고 자란 나라에서 떠나야 할 때가 올 수도 있다.

나는 30대 후반에 십수년 근무했던 대학병원을 떠나 내 클리닉을 개업했다. 한때 불안감도 느꼈지만, 대학병원이라는 거대한 집단에서 일단 벗어나 보니 퇴사 전에 했던 내 걱정은 대부분이 노파심일 뿐이었다.

물론 고생도 많이 했다. 익숙한 집단에서 벗어나 새로운 일을 시작하자 지금까지 내가 경험하지 못했던 힘든 일도 종종 일어났다. 그렇기 때문에 누군가가 '집단에서 벗어나기로' 결심했다면 나는 그 사람을 진심으로 응원해주고 싶다.

다만 한 가지 잊어서는 안 될 것이 있다.

중요한 결단을 내리기 전에는 반드시
내 마음 상태를 확인해야 한다.

왜냐하면 어두운 마음으로 내리는 결정은 백 퍼센트 잘못된 결과를 가져오기 때문이다. 따라서 무언가에 쫓기고 있을 때는 중요한 결단을 피해야 한다.

사람은 극도로 긴장하고 피곤하면 판단력이 흐려진다. 지갑을 떨어트리거나 약속을 깜박하는 등 평소에 절대 하지 않는 실수를 한다면, 그것은 무언가에 압박을 받고 있다는 증거다.

많은 사람들이 알고 있듯이, 중요한 결단은 편안한 마음으로 내리는 것이 좋다. 그러나 사실 여기에는 약간의 딜레마가 있다. 중요한 결단을 내려야 할 때일수록 사람은 마음이 복잡해지기 때문이다.

인생의 큰 갈림길 앞에서 냉정하고, 침착하고, 신중하고, 긍정적인 마음을 유지하는 사람은 거의 없다. 전직이나 독립, 결혼이나 이혼처럼 인생의 큰 결단을 앞두고 있을 때 우리의 마음은 술렁거리고, 초조해지고, 불안정해지는 것이 일반적이다. 이 초조하고 불안정한 마음 상태는 결코 편안한 마음이라고 할 수 없다.

도저히 이해가 되지 않는 상사나 다툼이 끊이지 않는 가족에 대한 불만, 앞으로 내가 걸어가야 할 길에 대한 불안⋯⋯.

인생의 갈림길 앞에 서 있으면 이런 다양한 감정이 소용돌이 치는 것이 당연하다.

그러면 우리는 어떻게 해야 할까?

사실 이 딜레마를 푸는 정답은 단순 명쾌하다. 잠시나마 집 단에서 나와 마음을 안정시키는 것이다. 인생이 뒤바뀔 정도 로 중요한 결정이 눈앞에 있을 때는 반드시 집단에서 벗어나 솔로타임을 가져야 한다.

집단의 가치관이나 사고에서 벗어나 마음을 안정시키고 긍정적인 나로 되돌려놓을 것.

그런 다음 결단을 내리면 잘못된 판단을 하지 않게 된다.

"중요한 결단을 내릴 때일수록 편안한 마음을 유지하자."

어쩌면 이 말은 맥이 풀릴 정도로 단순한 말일지도 모른다. 그러나 그렇기 때문에 마음에 꼭 새겨두어야 할 지침이기도 하다.

내 경험으로 미뤄 보면, 인생의 갈림길 앞에 섰을 때 편안한 마음으로 신중하게 결단을 내리는 사람은 열 명 중 한 명밖에 되지 않는다. 내가 아는 한 사람들은 술에 취한 듯한, 제정신이 아닌 상태에서 중요한 결단을 내린다. 유감스럽지만 그것이 현실이다.

솔로타임이라는 것은 사람에 따라서는 단순한 '기분전환'에 불과할지도 모른다. 그러나 내가 말하고 싶은 것은 이 기분전환을 무시해서는 안 된다는 사실이다.

아주 짧은 시간이라도 좋으니 집단에서 나와 편안한 마음 상태로 냉정하게 일을 바라본 후에 결단을 내리자. 이것이 결정의 실수를 막아주는 철칙이다. 한 치의 실수도 없이 중요한 결단을 내리는 사람은 의식적으로든 무의식적으로든 '편안한 마음 상태'를 반드시 유지하고 있다.

문제를
분리하라

어두운 기분에 사로잡히면 사람은 무의식중에 자신을 나쁜 상황으로 몰아넣은 '범인 찾기'를 시작한다. 이해력이 부족한 상사, 실수만 해대는 부하, 내 이야기를 전혀 들어주지 않는 배우자, 메시지에 답장을 하지 않는 친구 등등.

이처럼 한번 범인 찾기를 시작하면 모든 사람이 범인으로 보이게 된다. 그 결과 우리는 더욱더 어두운 마음에 빠져버린다. "저 사람이 반성하고 행동을 고치면 모든 일이 잘 풀린 텐데" 하고 말이다.

그러나 범인 찾기는 절대 문제를 해결해주지 못한다. 주변 사람의 행동을 바꾸려고 하면 할수록 상황만 더 나빠질 뿐이다.

왜 그럴까?

우리는 절대 다른 사람을 변화시킬 수 없기 때문이다.

젊은 남자는 매력적인 여자를 자기 사람으로 만들기 위해 많은 노력을 한다. 명품 옷을 입고, 비싼 선물을 하고, 멋진 차로 그녀를 집까지 바래다준다. 그러나 그렇게 노력한다고 해도 그녀의 마음을 뺏을 수 있을지 없을지는 알 수 없다. 왜냐하면 그 남자를 애인으로 받아들일지 말지 결정하는 사람은 바로 그녀 자신이기 때문이다.

어린 자녀를 둔 부모는 "아이가 공부는 하지 않고 게임만 하는데, 어떻게 하면 공부를 시킬 수 있을까요?"라며 나에게 고민을 털어놓는다. 카운슬러로서 내가 할 수 있는 조언은 단 한 가지다. 공부를 할지 말지 결정하는 사람은 부모가 아니라 자녀 본인이라는 사실이다.

문제를 해결하기 위해서는 '범인 찾기'를 그만두어야 한다. 상대방의 행동을 고치려고 하기보다는 '지금 내가 해결할 수 있는 문제'를 찾아야 한다.

'반면교사', '타산지석'이라는 말이 있다. 다른 사람을 비난하기보다는 그 사람의 행동을 보고 내 행동을 바꿔야 한다.

이 말은 단순한 '논리'가 아니라 하나의 '방법론'이다. 심리학적으로 보면 다른 사람의 행동을 바꾸는 것은 아무런 효과가 없다. 다른 사람의 행동을 바꾸기보다는 내 행동을 바꿔야 일이 효과적으로 개선된다.

이를테면 이해력이 부족한 상사 때문에 매번 골치 아픈 일이 벌어진다고 해보자. 내가 아무리 말해도 상사는 내 이야기를 전혀 이해하지 못할 것이다. 왜냐하면 상사의 이해력은 상사 자신의 문제이기 때문이다.

그러면 무엇을 해도 의미가 없고, 모든 것을 상황에 맡겨야 하는 걸까? 그렇지 않다. 우리가 자료를 보기 쉽게 만들거나 갖가지 예를 들어 설명한다면 상사의 이해력이 높아질지도 모른다.

자료를 보기 쉽게 만드는 것까지가 '내가 해결해야 할 문제'이고, 상사의 이해력은 '상사가 해결해야 할 문제'이다. 이 사실을 꼭 기억해두길 바란다.

내가 해결할 수 없는 그 사람의 문제는 그 사람에게 맡겨야 한다.

다른 사람의 행동을 바꾸려고 하지 말고, 내가 풀어야 할 문제를 제대로 파악할 것. 이것은 어쩌면 당연한 이야기일지도 모른다.

그러나 우리는 '내가 무엇을 할지'보다는 '다른 사람의 행동을 어떻게 바꿀지'에 주목하기 쉽다. 이렇듯 내 문제를 덮어둔 채 다른 사람만 비난하면 일은 절대 긍정적으로 흘러가지 않는다.

어두운 마음으로 내리는 결단이 백 퍼센트 잘못된 결과를 가져오는 이유가 판단력을 잃었기 때문만은 아니다. 어둡고 침울한 마음은 내 문제와 마주할 여유를 빼앗고, 다른 사람을 비난하는 사고를 이끌어낸다.

마음이 어둡고 침울할 때일수록 우리는 내 문제와 상대방의 문제를 구분해야 한다. '이해력이 부족한 상사'라는 문제에는 '내 문제'와 '상사의 문제'가 혼합되어 있을 가능성이 크다. '내 문제'와 '상사의 문제'를 분리하면 우리는 더 이상 상사를 비난 하지 않고 내 문제에 집중할 수 있다.

나에게
집중하라

"인간이라는 동물은 자신이 해결할 수 없는 다른 사람의 문제에는 깊이 개입하면서, 정작 자신의 문제에는 집중하지 않는다."

옛날부터 많은 학자들이 해온 말이다.

"인생은 짧지 않다. 다만 인생에 주어진 시간을 무의미하게 쓰고 있을 뿐이다."

이것은 로마 황제 네로의 가정교사이자, 후에 네로에게 자살을 명령받은 세네카(루키우스 안나이우스 세네카)가 한 말이다. 나는 40대 무렵에 처음 이 말을 듣고 온몸에 전율을 느꼈다.

세네카는 이런 말도 했다.

"사람은 돈으로 환산하면 천금에 해당하는 막대한 시간을 다른 사람과 무의미한 잡담으로 낭비하고 있다."

이 말은 내가 많은 사람들과 만나오면서 보고 느낀 사실과 완전히 일치한다.

우리는 단돈 10원이라도 다른 사람에게 주거나 낭비하는 것을 꺼려한다. 그러나 시간에 대해서는 대부분 후한 인심을 쓴다.

사람들은 '인생의 시간'이라는 더할 나위 없이 귀중한 재산을 인간관계로 낭비한다.

우리의 마음속은 다른 사람으로 가득 차 있다. 상사나 부하가 내 뜻대로 움직이지 않는 것에 대한 불만. 사회나 정치에 대한 분노. 가족이나 친구에게 관심을 받고 싶다는 초조함. 우리는 인생의 귀중한 시간을 내가 해결할 수 없는 '다른 사람의 문제'로 낭비하고 있다.

다만 오해가 없도록 말해두자면 나는 "가족이나 친구가 보다 행복해졌으면 좋겠다" "우리 사회가 조금 더 나아졌으면 좋겠다" 하는 바람 자체를 부정하는 것이 아니다. 우리는 단순히 지배욕구를 채우기 위해 다른 사람에게 관심을 갖는 것이 아니다. 거기에는 "이 사람이 조금 더 성장했으면 좋겠다" "팀 전체가 조금 더 성과를 올렸으면 좋겠다" 하는 상대방을 배려하는 마음도 포함되어 있다. 그러한 참된 생각까지 부정할 필요는 전혀 없다.

다만, 다른 사람에게 도움을 주고 싶다면 우선은 나를 바꾸는 것부터 시작해야 한다.

왜냐하면 사람은 잠시라도 한눈팔면
곧 남을 비난하는 동물이기 때문이다.

따라서 내 문제에 집중해야 다른 사람을 배려할 수 있다.

내 문제에 집중한다는 것은 나에게만 관심을 갖는 이기적인 행동이 아니다. 그것은 다른 사람의 시선을 의식하고 내 마음대로 상대방을 지배하려고 하는 초조함에서 벗어나는 행동이다.

Think

사람들은 흔히

"상대방을 바꾸려고 하지 말고 나를 바꾸자"고 말하는데,

구체적으로 무엇을 어떻게 바꿔야 할까?

내 감정은
진짜 나일까?

"다른 사람을 바꾸려고 하지 말고 나를 바꾸자."

그러기 위해서 우리는 무엇을 어떻게 해야 할까?

열심히 일하는 것, 공부하는 것, 대인관계의 기술을 높이는 것 등등 인생에서 우리가 할 수 있는 일은 무수히 많이 있다. 그러나 그중에서 가장 먼저 해야 할 일은 내 마음을 안정시키는 일이다. 내 마음을 안정시키는 것이 우리가 가장 먼저 풀어야 할 '숙제'다.

마음을 안정시키는 것이 왜 가장 중요한 일일까?

사람은 누구나 하루 대부분의 시간을 '제정신이 아닌 상태'로 보내기 때문이다.

"그럴 리 없어. 나는 항상 냉정하다고!"

이렇게 말하는 사람도 자신의 일상을 침착하게 되돌아보길 바란다. 우리의 마음은 주변 사람의 말과 행동에 의해 항상 흔

들리고 있다.

　　"저 사람의 말투가 너무 거슬려."
　　"너는 몇 번을 말해도 왜 정리를 하지 않니!"

　가족이나 친구, 애인처럼 친한 사람만이 우리의 마음을 흔드는 것은 아니다. TV나 인터넷, SNS를 통해 흘러나오는 말, 또는 지나가는 사람의 말투와 표정. 우리의 마음은 항상 이처럼 다양한 자극에 의해 분노와 질투, 불안과 집착이라는 격한 감정에 사로잡히게 된다.

사람은 하루 대부분의 시간을
제정신이 아닌 상태로 보낸다.

　이것은 정신건강의학과 의사로 많은 사람들과 만나오면서 느낀 거의 예외 없는 사실이다. 솔직히 말하면 제정신이 아닌 것이 인간의 정확한 마음 현실이다.
　만약 "나는 그렇게 생각하지 않아!"라고 부정하고 싶다면 한 번 시험해보길 바란다. 지금부터 눈을 감고 5분 동안 내 마음을 들여다보자. 의자에 앉아 있어도, 바닥에 누워 있어도 상관없다. 다만 등을 꼿꼿이 세운다는 것만은 잊지 말자. 의자에 앉

110

내 마음 점검하기

아 있는 경우라면 등받이에서 등을 떨어트리는 자세가 좋다.

편안한 자세로 눈을 감고 조용히 호흡하면서 내 마음에 떠오르는 것을 바라보자.

준비 됐는가? 그럼 시작해보자.

❶ 편안한 자세로 앉아서 눈을 감는다.

❷ 조용히 호흡하면서 내 마음에 떠오르는 것을 5분 동안 바라본다.

아마 5분이 상당히 길게 느껴졌을 것이다. 눈을 감은 당신의 마음속에는 다양한 감정이 거친 파도처럼 소용돌이쳤을 것이다. 그 마음을 말로 표현하자면 바로 이러한 것들이다.

"이번 달 안으로 그 일을 끝내야 하지 않을까?"라는 불안.

"그 녀석은 왜 연락을 안 하지?"라는 분노.

"저 사람은 항상 즐거워 보이네"라는 부러움.

마치 TV 채널이 바뀌듯이 아무 연관도 없는 다양한 생각과 영상, 소리와 말, 감정 등이 교차했을 것이다. 이것이 우리 마음의 현실이다.

분노, 불안, 집착이라는 다양한 감정이 불어와 마음이 안정되지 않았을 것이다. 솔직하게 말하면, 이렇게 안정되지 못한 마음을 전혀 상상하지 못했던 것도 아닐 것이다.

우리는 일반적으로 내 감정이 낸 소리를 나의 진심이라고 믿는다. 이를테면 화를 내고 있는 순간에 "나는 지금 화를 내고 있지만, 사실은 화난 게 아니야" 하고 냉정하게 객관적으로 생각하는 사람은 거의 없다(만약 객관적으로 생각할 수 있다면 화내지 않을 것이다).

그러나 그 감정은 '진짜 나'일까?

우리의 마음은 아무런 연관관계도 없이 순식간에 바뀐다. 이것은 방금 우리가 했던, 눈을 감고 내 마음을 들여다보는 것으로도 알 수 있는 사실이다.

아무리 지적이고 냉정한 사람이라도, 사람은 자신의 감정을 의심하지 못한다. 누군가를 미워하는 마음이나 실패를 두려워하는 마음을 '내 진심'이라고 믿는다. 그러나 그 믿음에는 확실한 근거가 없다.

나의 감정은 내가 아니다.

난폭한 말을 제어하는
마부

아무리 비참하고 화난 감정이라도 사실 모든 감정은 한순간에 바뀐다. 이렇게 감정이 한순간에 바뀐다면 '나'는 도대체 어디에 있는 걸까?

내 감정은 '진짜 내'가 아니다. 우리는 이 사실을 받아들일 필요가 있다. 그러나 사람들은 자신의 감정을 '진짜 나'로 받아들인다.

사람이라면 누구나 "화가 난다!" "용서할 수 없다!" 하는 감정에 사로잡힐 때가 있다. 그리고 무의식중에 그 감정을 '나'라고 생각한다. 그러나 눈을 감고 매 순간마다 바뀌는 내 감정을 지그시 바라보면, '감정적인 나'를 관찰하는 '또 하나의 나'의 모습이 보일 것이다.

나는 감정과 사람과의 관계를 종종 사두마차에 비유한다. 마차를 끄는 말이 바로 '감정'이다. 분노, 질투, 불안, 초조라는 네 마리의 말이 항상 난폭하게 서 있고, 그 난폭한 말들을 제어하는 사람이 바로 마부다. 이 마부가 '진짜 나'이다.

우리는 태어날 때부터 마부로서 이 사두마차에 올라탄다. 그러나 이상하게도 마부는 감정이라는 이 난폭한 말들을 제어하는 방법을 알지 못한다. 어르거나 달래는 등 몇 번의 시행착오를 거치면서 마차를 끌고 간다. 그것이 우리의 일상이다.

우리의 마음은 항상 난폭한 말에 이용당한다. 즉 '감정'에 이용당하는 것이다. 그러는 동안에 '마부'의 모습을 잃어버리고, '난폭한 말'을 나라고 착각한다.

특히 집단 안에서 인간관계에 휘둘릴 때면 마음속에 있는 난폭한 말은 폭주하기 시작한다. 난폭한 말은 울고, 웃고, 화내고, 초조해하고, 질투를 한다. 감정이라는 난폭한 말의 존재가 커지면 커질수록 우리는 '진짜 나'를 잃어버리고 만다.

"내가 이렇게 화내고 있는데 왜 내 말을 들어주지 않는 거야!"
"내가 이렇게 슬퍼하고 있는데 왜 나를 위로해주지 않는 거야!"

다른 사람을 비난하고 지배하려고 할 때, 우리의 마음속에 있는 '난폭한 말'은 혼자 잘난 체하며 마부를 제 마음대로 놀린다. 이것이 모든 인간의 마음 상태다.

안정된 마음은
만남의 질을 높인다

"확실히 감정적일 때는 냉정을 잃을지도 몰라. 그러나 하루 대부분의 시간을 제정신이 아닌 상태로 보낸다는 것은 너무 심한 말 아닌가? 천천히 시간을 갖고 생각하면 올바른 판단을 내릴 수도 있잖아."

이렇게 말하는 사람도 있을 것이다.

확실히 천천히 시간을 갖고 생각하면 냉정하게 행동할 수도 있다. 그렇기 때문에 밤에 쓴 연애편지는 이튿날 아침에 한 번 더 읽어보는 편이 좋다. 그러면 아직 담지 못한 내용이 있다는 사실을 깨달을 수도 있다.

나는 앞에서 중요한 결단을 내리기 전에는 솔로타임을 가지며 마음을 안정시키는 것이 좋다고 말했다. 실제로 시간이 허락된다면 반드시 솔로타임을 갖길 바란다.

다만 일상생활 속에서 천천히 생각할 시간을 확보하기가 현실적으로 그리 쉽지 않을 수 있다. 특히 사람 사이에서 일어나는 의사소통은 '순간'이 승부를 결정한다.

'난폭한 말', 즉 '감정'을 제어하지 못하는 사람은
의사소통의 승부를 대부분 운에 맡긴다.

사람과 만날 때 분노와 불안에 사로잡힐지, 아니면 적당히 밝고 안정된 상태를 유지할지, 이것에 따라서 만남의 의미는 완전히 바뀔 수 있다. 안정된 마음은 만남의 질을 높이기 위해서도 중요한 것이다.

인생은 순간으로
결정된다

인생의 전환점은 매 순간마다 찾아온다.

편도 이차선 도로를 운전할 때를 떠올려 보자. 속도는 시속 50킬로미터. 내 차 앞과 뒤에는 다른 차들도 있지만 길은 그다지 막히지 않는다.

이윽고 사거리가 나온다. 왼쪽으로 가려면 차선을 변경해야 한다. 오른쪽으로 가려면 차선을 변경할 필요는 없지만, 액셀러레이터에서 발을 띄고 방향지시등을 켜야 한다. 그대로 직진을 한다고 해도 내 앞에 있는 차의 움직임과 방향지시등에 주의해야 한다. 그러지 않으면 뜻밖의 사고가 일어날 수 있기 때문이다.

자동차 운전을 할 때 우리는 항상 이렇게 순간적인 판단을 반복한다. 순간적 판단에는 망설일 시간이 전혀 없다. 잠깐 생각하는 것조차 사치일 정도로 모든 일을 끊임없이 순식간에 판단해야 한다. 만약 멈칫하거나 순간 잘못된 판단을 내리면 사고가 일어날지도 모른다.

앞에서 "집단을 살아가는 사람은 시간표대로 움직이는 전철과 같다"고 말했다. 그러나 사실 우리의 인생은 전철이라기보다는 오히려 자동차 운전과 비슷하다. 우리의 일상은 '순간의 판단과 선택'에 달려 있기 때문이다.

우리는 일상적인 대화 속에서 상대방의 말 한마디에 순간 화를 느끼게 되는 때가 있다. 그때 "지금 나랑 장난해?"라며 화를 낼지, 화는 나지만 그 기분을 억누를지, 상대방의 말을 자르고 다른 화제로 돌릴지에 따라서 우리의 인생은 크게 바뀐다. 그 중요한 판단을 하기 위해 우리에게 주어진 시간은 고작 몇 초에 불과하다.

이렇듯 우리에게는 매 순간마다 사거리에 다다른 자동차 운전자와 같은 판단과 행동이 요구되는 것이다.

오른쪽 길을 선택할지, 왼쪽 길을 선택할지, 아니면 그대로 직진할지, 그 선택에 따라서 지금 당장 눈앞에 있는 문제뿐만 아니라 인생 전체가 바뀔 수도 있다. 이렇듯 찰나의 선택들은 인생 전체를 변화시킬 만큼 중요한 결단일지도 모른다.

인생은 시간표대로 움직이는 전철이 아니라 내가 직접 핸들을 쥐고 운전하는 자동차다. 이 사실을 꼭 기억해두길 바란다.

감정에 이끌리는 삶이란 내 자동차 핸들을 타인에게 맡기는 것처럼 매우 위험하고 무책임한 행동이다. 물론 어린아이라면 어쩔 수 없이 핸들을 다른 사람에게 맡겨야 하겠지만, 최종적으로 내 인생의 핸들은 내가 쥐어야 한다.

우리가 순간의 판단과 행동으로 얻는 것 또는 잃는 것은 무엇일까? 그것은 인생의 '흐름'이다. 오른쪽 길을 선택할지, 왼쪽 길을 선택할지, 아니면 직진을 선택할지에 따라서 우리 인생의 '행운의 흐름'과 '힘의 흐름'이 크게 바뀐다. 이런 의미에서 보면 인생은 '순간'에 지배된다고도 말할 수 있다.

**언뜻 보기에 사소한 행동처럼 보여도,
그 행동에는 운명을 바꾸는 힘이 깃들어 있다.**

"이미 엎질러진 물"이라는 말이 있듯이, 어느 한순간을 놓치면 때는 다시 돌아오지 않는다. 그것이 바로 인생이다.

인생에는 '매 순간'마다 전환점이 있다. 그리고 인생이 잘 풀리는 사람과 잘 풀리지 않는 사람은 그 찰나의 순간으로 결정된다.

Think

나는 그다지 감정적인 사람이 아니다.

화도 잘 내지 않는다.

사실은 그렇지 않을까?

감정의 90퍼센트는
분노다

　당연한 이야기지만 감정은 분노, 기쁨, 슬픔 등으로 다양하게 나타난다. 그러나 우리가 인간관계를 맺을 때 가장 먼저 통제해야 할 감정이 있다. 그것은 바로 '분노'다.

　최근 분노조절이라는 분야에 관심이 쏟아지자 서양심리학은 '화를 버리는 방법'에 대해 깊이 연구하기 시작했다. 그러나 불교의 창시자 석가모니는 훨씬 이전부터 사람들에게 화를 버리라고 지적했다.

　여기에서는 불교심리학의 시점에서 분노를 버리는 방법에 대해 구체적으로 생각해보려 한다.

　사람들은 "화내지 말자" "분노를 버리자"라는 말의 정확한 뜻을 알지 못한다. 왜냐하면 많은 사람들이 "나는 그렇게 화만 내며 살고 있지 않아"라고 생각하기 때문이다.

　친구나 가족이 한 말 또는 뉴스를 듣고 '울컥'하는 것만이 분노라면 하루 종일 화내고 있는 사람은 그다지 많지 않을 것이다. 그러나 불교심리학은 분노에는 다양한 변화가 있다고 알려준다.

이를테면 역 개찰구에서 새치기를 당했거나 슈퍼마켓 계산대 앞에서 꾸물거리는 사람이 있다고 해보자. 그럴 때 우리는 순간적으로 속이 부글부글 끓어오른다. 그러한 순간적인 감정의 움직임도 불교심리학으로 보면 완벽한 분노다. 이렇듯 순간적인 분노를 포함하면 우리는 어쩌면 하루에 백 번 이상은 화를 내고 있을지도 모른다.

또 순간적인 분노뿐 아니라 마치 폭발하지 않은 활화산처럼 하루 종일 마음 깊은 곳에 깔려 있는 분노도 큰 문제다. 이를테면 '냉혹한 세상'이라는 어두운 세계관을 가진 사람은 자신에게 일어난 모든 일을 부정적으로 생각하기 쉽다. 이것은 이른바 '지속적인 분노'다. 지속적인 분노에는 매우 큰 문제가 있다. 그 사람을 행복한 인생에서 멀어지게 만들기 때문이다.

또는 무언가를 시작할 때마다 하기 싫다, 귀찮다, 아무래도 상관없다는 식으로 생각하는 '무료함'도 사실은 분노에서 파생된 감정이다.

시시포스에 대한 그리스신화가 있다. 시시포스는 신을 농락한 죄로 무거운 바위를 산 정상까지 옮겨야 하는 형벌을 받는다. 그러나 산 정상까지 옮겨놓은 바위는 곧바로 산 아래로 굴러 떨어져서 시시포스는 또다시 산을 내려와 바위를 산 정상까지 옮겨야만 한다. 이것은 하나의 신화이지만 '같은 행동을 반복하는 것'이 인간에게는 엄청난 고통이고 분노라는 사실을 알려주는 이야기일지도 모른다.

불교에서는 극복해야만 하는 세 가지 번뇌로 탐(貪), 진(瞋), 치(癡)를 말한다. 이 세 가지 번뇌는 서로 깊은 관계가 있다. '탐'은 욕심이다. '무언가를 가지고 싶다'는 감정은 다른 사람이 가진 것을 부러워하고 질투하는 마음에서 온다. 따라서 '탐'은 분노를 나타내는 '진'과 연결된다.

한편 '치'는 현대 용어로 번역하면 '어리석음'이다. 이것은 단순히 무지를 뜻하는 것이 아니라 내 지식에 한계가 있다는 의미다. 즉 '내 무지를 알지 못하는 것'이 '치'다. 내 무지를 깨닫지 못하면 사람은 거만해지고, 사소한 일로 다른 사람을 무시하게 된다. 이것도 당연히 분노로 연결된다.

분노는 사람의 기본적인 감정이다.

우리의 일상은 놀라울 정도로 분노로 가득 차 있다.

Think

감정을 억지로 참는 건

부자연스러운 일 아닌가?

분노를
휙 버리는 방법

나는 이전부터 "사람은 분노에 약하다"고 지적해왔다.

우리는 정치가나 지식인처럼 냉정하고 똑똑해 보이는 사람보다 화를 잘 내고 감정적인 사람에게 설득당하는 경향이 있다. SNS나 인터넷에서 벌이는 토론만 봐도 그렇다. 냉정하게 토론을 펼치는 사람보다 감정적인 말로 상대방을 공격하는 사람이 토론의 승자가 된다.

최근 〈신 고질라〉라는 괴수 영화가 흥행했지만, 영화에 나오는 괴수들은 항상 화를 내면서 등장한다. 왜 그런지 그 이유는 잠시 묻어두기로 하고, 어쨌든 중요한 것은 사람은 "이유 없이 화내는 사람에게 약하다"는 점이다.

바꿔 말하면, 우리는 '분노로 가득 찬 세상'을 살아가고 있다는 뜻이기도 하다. 분노를 당연하게 받아들이는 사회에서 사람은 나도 모르게 화를 내기 쉽고, 내가 화내고 있다는 사실을 인식하기도 어렵다.

그러나 분노는 백해무익, 즉 해롭기만 하고 이로운 것이 하나도 없는 감정이다. 불쑥 화내는 사람은 판단력을 잃기 쉽고, 그만큼 대화 기술도 떨어진다. 그렇기 때문에 우리는 어두운 마음으로 행동하기보다는 밝은 마음을 유지하는 편이 좋다. 그래야 일도 잘 풀린다.

그러면 분노의 감정을 버리는 구체적인 방법은 무엇일까?

우선 중요한 것은 억지로 화를 참지 말고 발산하는 것이다. 분노라는 감정은 억지로 누른다고 해서 절대 사라지지 않는다. 한번 생긴 분노는 마음속에서 반드시 불을 지피기 마련이다. 억지로 누른 분노는 까딱 잘못하면 마그마와 같이 어느 순간 예고도 없이 폭발해버리기 쉽다.

분노라는 감정은 아직 그 덩어리가 크지 않을 때 '휙' 버리는 것이 좋다. 덩어리가 커진 분노는 통제하기가 어렵기 때문이다.

아직 '작은 덩어리'일 때 분노를 발산해야 한다.

대화 도중에 울컥 화가 치밀 때는 '화가 난' 사실을 인지하고 재빨리 냉정함을 찾아야 한다.

일상 속에서 '작은 분노'를 버리는 방법은 다양하게 존재하지만, 그중에서도 가장 쉬운 방법 하나를 소개하겠다. 이것은 스리랑카 상좌불교의 알루보물레 스마나사라 스님이 가르쳐준 방법이다.

그 방법은 매우 간단하다. 마음속에 분노가 생겼을 때 천천히 "나는 화나 있다"라고 세 번 외치는 것이다. 매우 단순한 방법이지만 실제로 해보면 누구나 효과를 실감할 수 있다. 이 방법을 꼭 한번 실천해보길 바란다.

분노나 어두운 감정에 사로잡혔을 때 "나는 화나 있다. 나는 화나 있다. 나는 화나 있다." 하고 세 번 외쳐보자. 이렇게 외치는 것만으로도 매우 빠르게 분노의 감정이 사라진다.

이러한 방법을 이용해 그때그때 분노를 버리는 것이 감정이라는 난폭한 말을 제어하는 첫걸음이다.

집중욕구에서
벗어나라

일반적으로 다른 사람에게 인정받고 싶은 욕구를 '승인욕구'라고 부른다. 나는 승인욕구를 포함해 조금 더 근본적인 욕구로 '집중욕구'라는 말을 사용한다. 집중욕구란 "주목받고 싶다"는 욕구다.

막 태어난 갓난아이는 우는 행동으로 부모의 관심을 끈다. 이것은 아마 사람에게 있어서 인생 최초의 집중욕구 발산일 것이다. 집중욕구는 그 후에도 다양하게 모습을 바꾸며 우리 인생에 깊이 개입한다. 좋아하는 사람에게서 관심받고 싶다는 마음, 직장이나 학교에서 칭찬받고 싶다는 마음, 다른 사람에게 무시당하고 싶지 않다는 마음, 이러한 모든 감정이 집중욕구의 또 다른 얼굴이다.

심리학적으로 보면 집중욕구는 분노와 깊은 관계가 있다. 갓난아이는 얼굴이 새빨개질 정도로 울면서 부모나 주변 어른들의 관심을 모은다. 이것은 어른이 되어서도 마찬가지다. 누군가에게 관심받고 싶다는 감정은 나에게 관심을 주지 않는 상대방에게 보내는 분노의 신호다.

이를테면 회사에서 "안녕하세요?"라고 인사를 건넸을 때 상대방이 눈도 마주치지 않고 입으로만 대꾸했다고 해보자. 일이나 인간관계가 원만하게 돌아갈 때는 상대방의 그런 반응이 전혀 신경 쓰이지 않을 것이다. 그런데 상대방의 사소한 반응이 너무나 신경 쓰인다면 그것은 그만큼 집중욕구가 강해졌다는 뜻이다.

집중욕구 자체가 분노는 아니다. 그러나 채워지지 않은 집중욕구가 분노로 이어지는 경우는 상당히 많이 있다.

"왜 모두 나를 인정해주지 않는 거지?"

"내 이야기를 잘 들어보라고!"

이런 식으로 문득 집중욕구가 마음에 들어온다면, 그것을 손으로 쓱 밀어내도록 하라. 그러면 분노로 인해 괴로워하는 시간이 절반 이상으로 줄어들 것이다.

마음의
기준점

분노의 감정을 버리기 위해서는 내가 화났다는 사실을 잘 알아야 한다. 그래야 그때마다 분노의 감정을 버릴 수 있다.

분노라는 감정 때문에 어떤 일에서 손해를 본 적이 있는 사람이라면 잘 알겠지만, 이 분노라는 감정은 한번 불이 붙기 시작하면 좀처럼 통제하기가 어렵다. 따라서 분노는 가능한 한 '작은 불씨'였을 때 발견해야 하고, 더 큰 불로 번지기 전에 끄는 것이 좋다.

다만, 분노의 '작은 불씨'를 발견하기란 그리 쉽지 않다. 특히 오랜 기간 분노와 불안에 지배된 사람은 '화내고 있는 나'를 당연하게 받아들이기 쉽다. 지저분한 방에 익숙해져 있으면 거실에 쌓인 작은 먼지를 발견하지 못하는 것과 마찬가지로, 분노라는 감정에 둔해지면 '작은 분노'를 발견하지 못한다.

이러한 사람은 정기적으로 밝고 긍정적인 나를 떠올린 후,

그러한 나를 '기준'으로 삼아보라. 몸과 마음이 완전히 상쾌해졌을 때의 나를 기억해두는 것이다. 상쾌한 몸과 마음을 기준으로 삼으면 분노가 생긴 나를 쉽게 알아차릴 수 있다.

나는 이 작업을 '마음의 기준점'이라고 부른다.

산이나 바다 혹은 숲과 같이 자연과 가까운 곳을 정기적으로 찾아가 여유롭게 산책을 해보자. 그리고 산책 도중에 멈춰서서 눈을 감고 심호흡을 하자. 주변에 있는 나무들과 대화를 하듯 숨을 들이마시고 내쉬어 보자.

이렇게 하면 평소 인간관계로 지쳐 있던 사람들도 마음이 한결 가벼워질 것이다. 한 시간 정도 숲속을 걸으면 자연과 내가 점점 하나가 되어 기분이 밝아지고 상쾌해진다. 이때의 상쾌한 신체감각을 '마음의 기준점'으로 정해두자.

만약 멀리 자연을 찾아갈 시간이 없다면 '커다란 나무를 껴안는' 방법을 추천한다. 공원이나 하천에는 제법 둥치가 크고 가지가 풍성한 나무들이 있을 것이다. 그런 나무를 발견했다면 날씨가 좋은 날 평소보다 조금 일찍 일어나 그 나무를 찾아가 보자. 그리고 나무를 껴안듯이 손으로 나무둥치를 감싸 안는 것이다.

지그시 눈을 감고 그 나무와 내가 하나가 된다는 생각으로 깊게 심호흡을 하자. 내 안에 가득 찬 어두운 마음과 불안, 분노라는 감정이 나무둥치를 통해서, 가지를 통해서, 잎을 통해서 공기로 빠져나가는 것을 상상해보자. 그러면 마음속에 있던 안개가 점점 걷히듯 몸이 한결 가벼워질 것이다.

이때의 가벼운 신체감각을 기억해두라. 이것을 '기준'으로 세워두면 일상에서 분노와 불안, 질투와 초조라는 감정이 피어오를 때마다 그 감정을 재빨리 알아차릴 수 있다.

밝은 마음은
'잠시'라도 좋다

앞에서 "마음은 한순간에 바뀐다"고 말했다. 이것은 매우 중요한 문제인 동시에, 밝은 마음을 가지려고 하는 사람에게는 '희망'이기도 하다.

왜냐하면 아무리 거칠고 쓸쓸한 마음이라도 그 감정은 한순간에 바뀌기 때문이다.

마음이 안정되면 감정이나 잡다한 사고에 사로잡힌 내가 사라지고 '진짜 내'가 고개를 든다. 이것은 마치 어두운 구름이 걷히면서 파란 하늘이 나오는 것과 같다.

나는 감정적인 나와 진짜 나를 구별하기 위해 이 진짜 나를 '본모습(Self)'이라고 부른다. 감정적인 나는 다양한 사고와 감정에 항상 뒤덮여 있지만, 감정의 파도가 조용해지면 점점 '본모습'이 움직이기 시작한다. 그리고 본모습이 움직이기 시작하면 내가 가지고 있던 본래의 힘이 최대한으로 나오게 된다.

물론 지금까지 말한 것처럼 마음을 안정시키고 본모습을 되찾는 것은 그리 쉽지 않다. 그러나 하루에 단 10초만이라도 감정에 사로잡히지 않고 '진짜 나'로 있을 수 있다면 인생은 크게 변화하게 된다.

단 10초라도 '진짜 나'로 있을지 말지를 결정하는 것은 본인의 자유다.

"인간은 감정의 동물이다. 항상 밝은 마음으로 있는 것은 자연스럽지 못하다"라는 견해도 있다. 하지만 꼭 기억해야 할 사실이 있다. 감정적인 상태가 되었을 때 우리의 머릿속은 '타인'과 '집단'의 시선으로 차득 차게 된다는 것이다.

감정적일 때 우리는 상사가 나를 어떻게 생각할지, 친구와 만날 때 무슨 말을 해야 할지, 내 말을 듣지 않는 부하직원을 어떻게 해야 할지를 생각하게 된다. 그러나 이러한 생각은 모두 다른 사람에게 내보이는 '기대'의 방증이다.

"왜 너는 나를 화나게 해?"

"나를 조금 더 생각해줄 수는 없어?"

이것이 바로 분노를 낳는 욕구다. 우리는 다른 사람이나 사회에 이러한 유치한 욕구를 품고, 그 욕구가 채워지지 않으면 분노라는 감정에 휩싸이게 된다.

이러한 욕구와 분노를 벗어던져야 우리의 마음은 밝아지고 비로소 본모습이 나타나기 시작한다.

본모습을 되찾았을 때 우리는 진정한 의미로 '집단에서 벗어날' 수 있다.

4

내 몸이
하는 말에
귀 기울이기

몸을 보면
마음이 보인다

누군가와 말다툼을 벌일 때 울컥 화가 치밀어도 그 감정은 대부분 시간과 함께 사그라지기 마련이다. 그러나 말다툼을 벌인 상대방에 대한 나쁜 감정은 하루가 지나도 혹은 일주일이 지나도 사그라지지 않는다.

마음은 한순간에 바뀌는데 나쁜 감정이나 기억은 왜 오래 지속되는 것일까? 이에 대해서는 두 가지로 설명할 수 있다.

하나는 '말의 움직임'이다.

"저 녀석은 마음에 들지 않아."
"저 사람은 나를 싫어할지도 몰라."

이런 말이 머릿속에 한번 떠오르기 시작하면 상대방이 눈앞에 없어도 우리는 그 관념에 따라 분노의 감정을 느끼게 된다.

감정은 한순간 나타났다가 한순간 사라지지만, 우리는 무의식 중에 말로 그 감정을 되풀이하면서 분노를 이어간다.

나쁜 감정이나 기억이 오랫동안 지속되는 또 하나의 원인은 '몸'에 있다.

사람들은 마음과 머리를 따로 생각하지 않는다. 확실히 감정변화는 다양한 뇌내물질 분비에 의해 일어난다. 그러나 감정변화는 뇌에서 완성되는 것이 아니라, 몸과 복잡한 상호작용에 의해서 일어나게 된다.

화나는 일이 생기면 뇌에 다양한 물질이 분비되면서 온몸의 근육이 긴장되고 맥박도 빨라진다. 반대로 마음이 안정되면 근육은 이완되고 맥박도 정상으로 되돌아온다.

이렇게 신체변화가 감정을 유지시킨다.

이를테면 우리의 몸은 따돌림이나 성희롱처럼 강한 자극을 받으면 근육이 딱딱하게 긴장된다. 그리고 몸에 쌓인 긴장감은 시간이 지나 불안이라는 지속적인 감정을 만들어낸다. 이처럼 마음의 변화는 이른바 '역사'처럼 그 사람의 몸에 차곡차곡 새겨지는 것이다.

"나쁜 기억은 말과 몸에 의해 지속된다."

이 설명은 어디까지나 내 경험이 만들어낸 가설에 불과하다. 하지만 말과 몸이 감정을 조절하는 열쇠인 것만은 틀림없는 사실이다.

농사에 비유하면 마음은 농작물이고, 몸은 그 농작물을 키우는 땅이다. 메마른 땅에서는 농작물이 잘 자라지 못한다. 트라우마에서 벗어나지 못한 사람은 이른바 메마른 땅에서 농작물을 키우는 것과 같다.

감기에 걸려 온몸에 열이 오를 때 우리는 올바른 판단을 내리지 못한다. 그것과 마찬가지로 피곤하고 지친 몸에서는 어둡고 부정적인 감정이 자라기 쉽다.

마음의 문제라고 생각되는 것의 70~80퍼센트는 사실 마음이 아니라 몸의 문제다.

일상 속에서 무의식중에 상대방에게 공격적인 말과 행동을 한 적이 있을 것이다. 나보다 낮은 위치에 있는 사람에게 공격적으로 말하거나, 누군가의 험담을 한 적이 있을 것이다. 나도 모르게 튀어나오는 공격적인 말과 행동은 내 몸에 새겨진 감정에 의해서 나온 것이 대부분이다.

Think

마음은 한순간에 바뀐다고 하지만,

나는 아직도 과거에 받은 상처에서

벗어나지 못하고 있는걸.

한 발로 서서
마음 상태를 확인하라

피곤한 몸은 부정적인 마음을 만들어낸다. 그리고 앞에서 말했듯이 몸과 마음은 하나로 연결되어 있기 때문에 마음이 부정적으로 바뀌면 몸은 그만큼 피곤해진다. 이것만큼 지독한 악순환도 없을 것이다. 하지만 몸과 마음의 연동관계를 잘 활용하면 이 악순환에서 벗어날 수 있다.

마음 상태는 눈에 보이지 않아 관리하기가 어렵지만, 몸 상태는 비교적 눈에 잘 보이기 때문에 관리하기도 쉽다. 하지만 몸 상태를 관리하기 위해서는 평소보다 진지하고 꼼꼼하게 몸의 감각을 관찰해야 한다.

이를테면 누군가와 대화할 때 울컥 화가 치민다면 배의 윗부분에 있는 가로막(횡경막) 주변을 살짝 누르면서 압박감을 느껴보자. 이러한 신체감각을 나는 '내장감각'이라고 부른다. 우리 몸에 나타나는 미묘한 신체변화는 우리가 머리로 느끼는 감각보다 훨씬 빠르게 나타난다. 즉 머리보다 몸이 먼저 반응하는 것이다. 따라서 신체감각을 잘 관찰하면 말로 내뱉거나 행동하기 전에 그 감정을 쉽게 통제할 수 있다.

"나는 그런 미묘한 감각을 느껴본 적이 없는데?"

이렇게 생각하는 사람도 있을 것이다. 그러한 사람은 다음의 행동을 따라 해보길 바란다.

방법은 간단하다. '한 발로 서서 눈을 감고 넘어질 때까지 자세를 유지하는 것'뿐이다. 물론 넘어져서 다치면 안 되기 때문에 주변에 위험한 물건과 사람이 없는 안전한 장소에서 시도해보길 바란다.

연습 1 한 발로 서기

❶ 한 발로 서서 눈을 감는다.

❷ 넘어질 때까지 자세를 유지한다.

보통 나이나 체력, 운동신경에 따라서 한 발로 서 있는 시간이 달라진다. 그러나 이 자세만큼 우리의 현재 마음 상태를 잘 보여주는 동작도 없다.

마음이 안정된 상태에서는 눈을 감아도 오랫동안 한 발로 서 있을 수 있다. 그러나 근심걱정이 많거나 불안하고 초조할 때는 한 발로 서서 눈을 감는 순간 넘어져버리게 된다.

이 자세는 '몸과 마음은 하나'라는 사실을 잘 보여준다. 마음의 균형이 깨진 사람은 몸 일부에 긴장감이 많이 쌓여 있다. 종아리나 허리, 어깨 등 작은 근육에 힘이 들어가 있으면 균형이 깨져서 오래 서 있을 수 없다.

10초 10회
호흡법

그러면 이제는 몸에 쌓인 긴장감을 풀어볼 차례다.

우선 의자에 앉아보자. 이때 등받이에 등을 기대지 않고 등줄기를 바로 세우는 자세가 중요하다. 그리고 10초 동안 천천히 숨을 내뱉어 보자.

그런 다음 자연스럽게 코로 숨을 들이마시고, 한 번 더 10초 동안 숨을 내뱉는다. 이때 "하나, 둘" 하며 호흡할 때마다 천천히 숫자를 센다.

연습2 **수식관 명상법**

❶ 의자에 앉아 등을 똑바로 세운다.

❷ 10초 동안 숨을 토해내고, 자연스럽게 코로 숨을 들이마신다.

❸ 호흡의 수를 세면서 10회 반복한다.

내 몸이 하는 말에 귀 기울이기

불교 명상의 세계에서는 호흡의 수를 세는 것을 '수식관(數息觀)'이라고 부른다.

수식관을 한 후 앞에서 말한 '한 발로 서서 눈 감는 자세'를 다시 해보길 바란다. 아마 대부분의 사람들이 수식관을 하기 전보다 더 긴 시간 안정적으로 서 있을 수 있을 것이다. 그 이유는 호흡을 하면 몸과 마음이 안정되기 때문이다.

신체감각을 키우는 방법은 그다지 거창하지 않다. 처음에는 이렇게 간단하고 쉬운 동작부터 하면 된다.

바르게 앉아 숨 쉬는 행동은 몸과 마음을 안정시켜주는 기초적인 방법이다. 특히 책상 앞에 오래 앉아 있어서 집중력이 떨어졌을 때 이 방법을 실천해보길 바란다.

Think

연습을 하면

신체감각도 키워질까?

마음의
감지기

신체감각을 어렵고 복잡하게 생각하는 사람도 있다. 그러나 어렵게 생각할 필요는 전혀 없다. 우리 민족은 이전부터 몸과 마음을 하나로 생각했다. 이것은 말에도 다양하게 나타나 있다.

이를테면 "피가 거꾸로 솟는다"는 분노의 표현, "다리가 후들거린다"는 두려움의 표현이 있다. 이 밖에도 실망했을 때는 "어깨가 축 처진다", 부끄러울 때는 "얼굴에서 불이 난다", 상대방의 마음이 엿보일 때에는 "속이 빤히 보인다"고도 말한다.

이처럼 몸과 마음을 하나로 묶는 말에 익숙해져 있는 우리는 어렵지 않게 몸을 통해 마음을 통제할 수 있다. 일상에서 내 몸의 변화를 관찰해보자. 그것만으로도 감정적으로 행동하여 손해 보는 일은 줄어들 것이다.

**신체감각은 감지기와 같다. 마음속에 언제
불어닥칠지 모르는 바람을 감지하기 때문이다.**

감정을 말로 표현하고 행동으로 옮기기 전에 심호흡을 하면 공격적인 말과 행동이 많이 줄어들 것이다.

이를테면 누군가와 대화할 때 내 몸의 근육이 경직되지는 않았는지 잘 관찰해보자. 가로막이 조금 부풀어 올랐다는 것은 '흥분해서 난폭한 말을 내뱉을지도 모른다'는 일종의 신호다.

신체감각은 말다툼을 벌일 때에만 주의해야 하는 것이 아니다. 이를테면 누군가에게 조언을 할 때에도 내 신체감각을 잘 살펴야 한다. 그래야 내가 상대방을 진심으로 걱정하고 있는지, 아니면 상대방을 이용하고 있는지 구별할 수 있기 때문이다.

**이러한 미묘한 균형은 마음으로는 좀처럼
구별할 수 없지만 몸으로는 확실히 구별할 수 있다.**

우리는 종종 애인이나 가족, 직장동료처럼 가깝고 친한 사람들과 나누는 대화를 별스럽지 않게 넘겨버릴 때가 있다. 그러나 가까운 사람과 대화할 때일수록 내 몸 상태를 꼼꼼하게 관찰해야 한다. 지금 내가 한 말이 정말 그 사람을 위해 한 말인지, 아니면 상대방을 내 마음대로 조종하기 위한 말인지, 그대답은 나 자신만이 알고 있다.

마음을 안정시키는
'감응'의 힘

내 몸을 관찰하면 내 마음이 얼마나 불안정한지 알 수 있다. 사람에 따라서는 자신에게 혐오감을 느낄 정도로 큰 충격을 받기도 한다.

그러면 '난폭한 말'과도 같은 감정을 안정시키고 맑고 깨끗한 마음을 유지하기 위해서는 구체적으로 무엇을 어떻게 해야 할까?

앞에서 말했듯이 '분노를 버리는 것'도 물론 중요하지만, 마음을 근본적으로 안정시키기 위해서는 주위의 물체에 내 몸을 '감응'시켜야 한다.

우리의 몸은 딱히 의식하지 않아도 주변 사람이나 물체에 항상 영향을 받는다. 몸이 주변 환경에 반응하기 때문에 우리는 집단 안에 있는 사람과 닮을 수도, 분위기를 살필 수도 있는 것이다.

우리는 무의식중에 주변 사람의 감정에 반응한다. 매일 같이 생활하는 가족이나 함께 일하는 직장동료가 항상 불안해하고 화만 낸다고 해보자. 그러면 우리도 별일 아닌 일에 쉽게 화를 내게 된다. 우리의 몸이 무의식중에 그 사람의 감정에 반응하기 때문이다.

여기서, 주변 사람이나 환경에 의식적으로 반응하는 것을 '감응'이라고 부르겠다. 즉 무의식적으로 반응하는 것은 그저 '반응'에 불과하지만 의식적으로 반응하는 것은 '감응'이다. 이 '감응'이라는 기술을 잘 구사하면 상당히 효과적으로 마음을 안정시킬 수 있다.

이를테면 앞에서 소개한 자연 속에서 심호흡하기나 큰 나무 껴안기의 기술도 사실 감응의 한 예다. 큰 나무를 껴안거나 자연 속에서 심호흡을 할 때 마음이 안정되는 이유는 나무나 자연이라는 대상에 내 몸을 감응시켰기 때문이다. 이렇게 자연에 감응하다 보면 주변 사람과 반응해서 생긴 부정적인 감정을 떨쳐버릴 수 있다. 이것은 신발에 묻은 진흙을 깨끗한 물로 씻어버리는 것과 같다.

"정말 주변 사람이나 물체에 내 몸이 반응할까?"

이렇게 의심하는 사람도 있을 것이다. 확실히 '반응'이나 '감응'은 과학적으로 증명된 현상이 아니다. 다만 '반응'이나 '감응'을 암시하는 연구는 많이 있다.

이를테면 20세기 말에 '거울뉴런'이라고 불리는 뇌의 신경세포가 발견되어 큰 화제가 됐다. 거울뉴런은 다른 사람의 행동을 보고 내가 한 것처럼 착각하는 신경세포다. 이를테면 오른손을 올리고 있는 사람을 보면, 거울뉴런에 의해 나의 뇌 안에서도 오른손을 올릴 때와 똑같은 신경세포가 반응한다.

거울뉴런은 인간을 포함한 영장류에게 발견된 신경세포다. 그러나 다른 영장류보다도 의사소통을 하고 복잡한 사회를 만들어가는 인간에게 꼭 필요한 세포 중의 하나다. 거울뉴런이 '반응'과 '감응'이라는 현상을 전부 대변해주지는 못하지만, 우리의 몸과 마음이 주변 사람이나 환경에 영향을 받고 있는 것만은 틀림없는 사실이다.

또한 정신건강의학과 의사로서 내 견해도 마찬가지다. 친한 사람이 내보이는 부정적인 감정에 반응하다가 몸과 마음이 지치고 딱딱하게 경직된 사람을 나는 많이 만나보았다. 또 가끔 만나는 사람의 밝은 분위기에 반응해서 그동안 쌓인 피로감이나 어두운 기분을 한순간에 떨쳐버리는 사람도 많이 보았다.

**우리의 몸과 마음은 지금까지 만난 다양한 사람과
물체에 반응해서 만들어졌다고 해도 과언이 아니다.**

내 몸이 하는 말에 귀 기울이기

만약 당신이 지금 서른 살이라면, 30년 동안 신체적 반응을
쌓아 올린 것이 당신의 인격이다.

'지금 여기'에
집중하라

주위 물체에 내 몸을 의식적으로 반응(감응)시키면 다양한 심리학적 효과를 기대할 수 있다.

이를테면 청소할 때를 떠올려 보자. 단순히 지저분해진 바닥을 닦을 때와 꼼꼼하게 정성껏 바닥을 닦을 때는 청소가 끝난 후의 '상쾌함'이 다르다. 이것은 많은 사람들이 경험으로 잘 알 것이다.

정성껏 바닥을 닦을 때 우리의 몸과 바닥은 깊게 감응한다. 걸레에 물을 묻히고 물기를 짠다. 그 걸레를 네 번 접어서 바닥을 꼼꼼하게 닦는다. 그렇게 하면 '걸레'와 '마음'이 하나가 되는 듯한 감각이 생기고, 그 결과 마음이 점점 안정된다.

이렇듯 어떤 물체에 감응하면서 마음을 안정시키는 것을 불교에서는 '행(行)'이라고 부른다. '행'에는 백팔배나 단식처럼 어려운 수행만 있는 것이 아니다. 걸레질이나 청소처럼 일상

생활에서 쉽게 할 수 있는 모든 행동을 '행'으로 바꾸면, 잡다하고 어수선한 마음을 안정시키는 데 도움이 된다.

우리는 보통 타인의 감정에 일일이 반응하면서 자신의 마음을 어지럽힌다. 가족이나 회사 동료, 친구나 애인처럼 집단 안에서 같이 생활하는 사람이 부정적인 감정에 사로잡히면 당연히 우리도 그 감정에 반응해서 부정적으로 변할 수밖에 없다.

그런데 행을 하면 왜 마음이 안정되는 걸까?

그 이유는 간단하다. 의식적으로 '물체'에 반응(감응)하면 자연스럽게 '집단'에서 벗어날 수 있기 때문이다.

요즘 사람들은 집안일이나 청소를 귀찮아한다. 맞벌이가 추세인 지금 시대에는 '청소나 세탁은 전문업체에 맡기자'는 경향이 늘어난 것도 사실이다. 물론 현대인들은 바쁘기 때문에 가사 서비스를 이용하는 것도 나쁘지만은 않다.

그러나 집안일은 마음을 안정시키는 행의 또 하나의 모습이다.

이 사실을 꼭 기억해두길 바란다.

천천히,
꼼꼼하게

현관이 깨끗하면 복이 들어온다고 한다. 나는 풍수지리는 잘 알지 못하지만, "깨끗이 청소하면 복이 들어온다"는 말을 심리학적으로 설명할 수는 있다. 그것도 행의 관점에서 말이다.

청소를 깨끗이 하기 시작하면 우리는 집의 바닥이나 걸레와 감응할 수 있고, 그 결과 당연히 마음은 안정된다.

소위 말해 잘나가는 사람들은 습관적으로 행과 비슷한 행동을 한다.

애니메이션 OST 작곡가로도 유명한 히사이시 조는 매일마다 같은 곡을 연주한다고 한다. 딱히 어려운 곡은 아니지만, 히사이시는 매일 그 곡을 연주하면서 그날의 컨디션을 확인한다. 그는 매일 같은 곡을 연습하는 것이 자신만의 성공 노하우라고 생각하지만, 사실 이것은 불교심리학적으로 보면 행 그자체다.

좋아하는 셔츠의 다림질을 한다, 안경을 닦는다, 화장실 청소를 한다, 구두를 닦는다, 이들은 모두 일상에서 하는 평범한 행동들이다. 그러나 물체와 감응할 수 있으면 설령 아주 사소한 행동이라도 그것은 행이 된다.

그러나 그 행동에는 몇 가지 중요한 점이 있다. 그중 하나는 속도다.

우리는 일상에서 하는 대부분의 일을 거의 자동적으로 처리한다. 식사가 그 전형적인 예다.

여행지에서 처음 맛보는 향토음식이나 큰맘 먹고 예약한 고급 레스토랑의 요리라면 천천히 음미하면서 식사할지도 모르지만, 바쁜 일상 속에서 먹는 식사는 대부분 맛볼 여유도 없이 씹어 넘기는 경우가 많다.

평소보다 속도를 늦추면 우리는 보다 깊게 그 대상과 감응할 수 있다.

세수를 할 때나 양치를 할 때 평소보다 조금 더 천천히 해보자. 그것만으로도 얼굴과 칫솔에 깊게 감응할 수 있다.

무엇이나 아무 생각 없이 빠르게 진행했던 일을 시간을 들여 조금 천천히 해보라. 천천히 하기 위해서는 굳이 그 행동을 '의식'해야만 한다.

이를테면 안경을 닦을 때는 일반 천이 아닌 조금 고가의 천으로 닦아보는 것이다. 그러면 안경을 제대로 꼼꼼하게 닦자는 '마음'이 들 것이다.

이처럼 별로 중요하지 않은 간단한 행동이라도 조금만 의식하면 천천히 꼼꼼하게 '행'할 수 있다.

나의 내면을
들여다보는 시간

일상에서 쉽게 실천할 수 있는 행에 대해 앞에서 몇 가지를 소개했다. 그러면 지금부터는 가장 좋은 행의 방법에 대해 이야기해보자.

우리가 실천할 수 있는 가장 좋은 행은 바로 명상이다.

명상이라고 하면 과거에는 불교와 같은 종교적인 이미지가 강했지만, 최근에는 뇌를 쉬게 하는 명상법인 '마인드풀니스(mindfulness)'가 유행하기 시작하면서 명상이 일반적인 행위로 많이 알려졌다. 이 장에서는 내가 실천한 명상 방법에 대해서 설명하겠다.

명상은 종교를 시작으로 하여 뇌과학에서도 그 효과가 다양하게 증명됐다. 명상이 마음을 안정시킨다고 말하는 사람도 있고, 명상이 집중력을 높여준다는 연구결과도 있다.

나는 명상은 인생에서 오는 공허감을 해소해준다고 생각한다. 이것은 내가 명상을 하면서 실감한 사실이다.

불교에서는 명상을 '지혜'와 만나는 행위라고 말한다. 이를테면 《반야심경(般若心經)》이라는 경전에는 '반야바라밀(지혜바라밀(智慧波羅蜜))'이라는 말이 나온다. 이것은 '명상으로 얻은 훌륭한 지혜'라는 의미다. 즉 명상을 하면 다른 곳에서는 배울 수 없는 훌륭한 지혜를 얻을 수 있다.

일반적으로 우리는, 지혜는 선생의 말이나 책처럼 '외부'에서 배우는 것이라고 생각한다. 실제로 지식이나 정보는 외부에서 얻어지는 경우가 많다. 그러나 이전부터 많은 지식인들은 지혜는 내면에 있다고 말했다.

내 안에 잠자고 있는 마르지 않는 지혜의 샘물. 내 안에는 지금 이 세상에 존재하는 모든 백과사전을 합친 것보다 더 많은 지혜가 잠들어 있다. 명상은 그 지혜를 끌어내는 유일한 방법이다.

명상은 동양에서만 행해지는 것이 아니다. 서양에서도 명상을 통해 지혜를 얻은 사람이 많이 있다. 그중에서도 특히 그리스의 철학자 소크라테스는 명상을 통해 깊은 지혜를 얻었다고 한다. 소크라테스는 '지각 왕'으로도 알려져 있지만, 그가 지각을 자주 한 이유는 명상 때문이었다. 소크라테스는 명상을 통해 종종 다이몬(고대 그리스의 신과 가까운 존재)의 계시를 받았다고 한다.

인도를 비롯한 아시아는 물론이고, 특히 유럽에서 지식인이라고 하면 책을 많이 읽거나 쓴다는 이미지가 강하게 있다. 그러나 그중에서도 가장 훌륭한 지식인이라고 할 수 있는 소크라테스는 책이 아닌 명상을 통해 지식을 얻었다. 동서고금을 막론하고 최고의 지식은 명상을 통한 '내면과의 대화'로 얻을 수 있다.

다만 오해가 없도록 말해두자면, 나는 배움을 명상을 통해서만 얻을 수 있다고 말하는 것이 아니다. 배움에는 다양한 방법이 있다. 이를테면 현대를 살아가기 위해서는 책이나 인터넷을 통해 다양한 지식과 정보를 얻어야만 한다.

그러나 언뜻 보면 지식과 정보는 '외부'에 있는 것 같지만, 사실 그것은 '집단' 안에 있는 경우가 많다. 집단 안에 있는 지식과 정보만으로는 마음속 깊은 곳에 있는 공허감을 어찌하지 못한다.

명상은 집단에서 벗어나 조용히 자신의 내면을 들여다보는 시간이다.

명상을 통해 얻은 지혜는 우리의 마음 깊은 곳에 있는 공허감을 해소해준다.

Think

성공하는 사람은 자기 손으로

화장실 청소를 한다는데

그것도 행의 하나일까?

쉽고도 어려운
명상의 방법

명상의 기본적인 방법은 그다지 복잡하지 않다. 조용한 곳에 앉아서 눈을 감고 천천히 호흡하는 것이 명상의 기본 방법이다. 조금 더 복잡한 것도 있지만, 기본적으로는 이러한 식으로 명상이 시작된다.

다만 이렇게 하다 보면 조금은 지루함이 느껴질지도 모른다. 그래서 여기서는 내가 경험한 지루하지 않게 명상을 할 수 있는 방법을 소개하려 한다. 그러나 그전에 우선 명상의 기본 방법부터 연습해보자.

가장 먼저 해야 할 것은 앉는 자세다. 의자에 앉는 자세도, 책상다리 자세도, 반가부좌 자세(책상다리를 한 상태에서 오른발을 왼쪽 무릎 위에 올려놓은 자세)도 상관없다. 다만 가장 중요한 것은 등을 꼿꼿이 세우고 앉는 것이다. 힘을 실어 억지로 자세를 유지하기보다는 머리끝부터 몸을 늘어트린다는 생각으로 자연스럽게 등줄기를 세워야 한다. 그래야 몸에 힘이 들어가지 않고 오래 앉아 있을 수 있다.

다음은 호흡이다. 편안하게 호흡하기 위해서는 앞에서 말했듯이 자연스럽게 앉는 자세가 중요하다. 그런 다음에 복식호흡을 하면 된다. 천천히 숨을 들이마시면서 배를 불룩하게 만든 후 30초 동안 '후' 하고 길게 숨을 내쉰다. 숨을 다 내쉬면 자연히 배가 원래대로 나오면서 또다시 숨이 차오를 것이다. 복식호흡을 반복하는 것만으로도 몸이 뜨거워지는 것을 느낄 수 있다.

이렇게 복식호흡을 하면서 마음을 조용히 안정시켜보자. 분노나 불안의 감정을 조금씩 버리면서 점점 명상으로 빠져드는 것이 명상의 일반적인 방법이다.

다만 '앉아서' 하는 명상은 사실 매우 어렵다. 적어도 나는 앉아서 하는 명상을 그다지 오래 하지 못한다.

물론 이 명상 방법이 맞는 사람도 있을 것이다. 그런 사람은 이런 방법으로 명상을 계속해도 좋을 것이다. 한편 이 방법이 조금 지루하다면, 조금 더 지속할 수 있는 또 다른 명상법이 있다.

앞에서도 소개한 호흡을 "하나, 둘……" 세는 수식관은 따라하기 쉬운 명상 방법 중 하나다. 또는《반야심경》같은 불경을 외우는 것도 명상의 좋은 방법이다.

불교에는 "신(身), 구(口), 의(意)를 일치시켜라"라는 가르침이 있다. 조용히 앉아서 불경을 외우는 것은 몸(身)과 말(口)과 마음(意)을 일치시키는 매우 이상적인 방법이다. 실제로 불경을 외우다 보면 명상을 쉽게 지속할 수 있다.

벼랑 끝에서
편안함을 느끼다

　명상을 했지만 효과를 보지 못했다고 말하는 사람도 있다. 그러나 그런 사람은 대개 '명상 상태'에 빠지기 전에 명상을 포기했던 경우가 많다. 그것은 명상을 하지 않은 것이나 마찬가지다.

　명상을 하면 언제나 마음이 밝아지고, 기분이 상쾌해지고, 어떠한 일에도 적극적으로 나설 수 있게 된다. 반대로 명상을 한 후에도 마음이 비관적이거나 흥분이 가라앉지 않는다면, 그것은 십중팔구 실패한 명상이다.

　명상은 진지하게 해야만 효과가 있다. 이것은 명상의 지침이라고도 말할 수 있다.

　최근 뇌를 쉬게 하는 명상법인 마인드풀니스(mindfulness)가 유행해서인지, 휴식 개념으로 명상을 찾는 사람들이 늘어났다. 물론 그것도 나쁘지 않지만, 편안한 마음으로 하는 명상에는

내 몸이 하는 말에 귀 기울이기

함정이 숨어 있다.

명상은 결코 '휴식'이 아니다.

명상을 하면 확실히 마음이 안정되고 편안해질 것이다. 그러나 그 편안한 마음은 '결과'일 뿐이다. 이를테면 명상은 100미터 전력질주와도 같다. 명상을 한 후에 오는 편안함은 100미터를 다 달린 후에 오는 가슴 벅참과 같은 것이다.

명상은 언뜻 보기에 평온하게 보여도 사실은 고도의 집중력이 필요한 행동이다. 그렇기 때문에 명상을 하면서 잠들 수는 없다.

명상은 단순히 휴식이 아니다.

이 사실을 꼭 기억해두길 바란다.

나는 '벼랑 끝에 편안하게 서' 있거나 '콧노래를 부르며 외줄타기' 하는 것이 명상의 실제 이미지와 가깝다고 생각한다. 그렇기 때문에 명상을 할 때는 자세와 호흡을 바르게 하거나 불경을 외우는 등의 방법이 필요한 것이다.

"몸도 마음도 피곤한데 명상이나 해볼까?" 하는 자세로는 명상의 효과를 실감할 수 없다. "이것을 해야만 내 인생이 바뀐다!" 하고 강하게 마음먹었을 때 비로소 명상이 진가를 발휘하게 된다.

도움을
구하라

지금까지 설명한 대로 명상은 누구나 실천할 수 있다. 그러나 진지하게 명상을 해보면 알겠지만, 명상은 혼자 터득하기가 상당히 어렵다. 따라서 가능한 한 빨리 '명상의 스승'을 발견하는 것이 좋다.

나는 과연 명상에 깊이 빠질 수 있을까? 내 명상 방법은 틀리지 않았을까? 더 깊이 명상을 하려면 어떻게 해야 할까? 명상을 하면 할수록 이러한 의문이 생길 것이다. 명상의 지침은 책에 나온 정보만으로는 얻을 수 없다. 명상의 지침을 확실하게 얻기 위해서는 역시 살아 있는 스승에게 명상을 직접 배우는 편이 빠르다.

이것은 명상에 한정된 이야기가 아니다. 어떠한 일이든 불필요한 정보를 많이 얻는 것보다 나보다 나은 사람을 직접 만나 조언을 얻는 편이 훨씬 효과적이다. 이렇게 살아 있는 조언

내 몸이 하는 말에 귀 기울이기

을 직접 들으면 헛수고를 하지 않을 수 있다.

이를테면 스승을 찾아가지 않고 혼자 명상을 하는 사람은 어느 정도 명상을 할 수 있게 됐을 때 자신이 주변 사람보다 뛰어나다는 착각에 빠지기 쉽다.

실제로 명상을 하면 감각이 날카로워지고 생각이 풍부해진다. 그러나 자신이 날카로운 감각을 한번 경험했다고 해서 주변 사람을 '나보다 감수성이 둔한 사람'이라며 무시해서는 안 될 것이다. 이것은 명상으로 얻은 밝고 조용한 마음과는 전혀 다른 생각이다.

상대방을 무시하거나 업신여기는 행동은 일종의 분노다.

회의를 할 때 누군가가 말을 꺼내는 순간 "핵심만 말하라고!"라는 생각이 머릿속에 떠오른다면 그것은 무의식중에 상대방을 무시하는 분노에 사로잡힌 것이다.

명상을 통해 마음이 안정된다면 그것만큼 훌륭한 일도 없다. 그러나 명상을 통해 다른 사람을 무시하는 거만한 마음이 생긴다면, 그것은 명상을 하지 않은 것보다 못한 일이다. 거만한 마음은 애써 수행한 결과를 쓸모없게 만들어버린다.

명상을 하는 나는 위대하다, 나는 마음이 깨끗한 훌륭한 사람이다, 이렇게 누군가와 비교하면서 내가 그 사람보다 위에 있다고 생각하는 사고는 전형적인 '집단' 사고다. 그런 사람은 솔로타임을 보낸다 해도 마음속으로는 항상 많은 사람들의 목소리에 휘둘리게 된다.

가깝고도 먼 곳에 있는
'무언가'와 만나라

명상이라는 것은 절대 억지로 할 수 없다. 오히려 의욕이 없을 때는 명상을 하지 않는 편이 낫다.

다만 분명하게 말해두자면, 명상을 하는 사람과 하지 않는 사람의 마음 상태는 크게 다르다.

행이나 명상은 마음을 안정시켜주고, 집단에서 벗어나 솔로 타임을 보낼 수 있도록 도와준다. 행과 명상을 통해 얻은 솔로 타임은 산책이나 여행을 떠나는 것보다 더욱더 깊게 마음을 안정시켜준다.

그러나 이것은 어디까지나 행과 명상이 가져다주는 하나의 효과에 불과하다. 명상을 하면 우리는 조금 더 깊은 세계에 가까워질 수 있다.

스티비 원더의 〈Fulfillingness' First Finale〉라는 앨범에는 〈Heaven Is 10 Zillion Light Years Away〉라는 곡이 있다. 여기

서 스티비 원더는 이렇게 노래했다.

"천국은 1000억 광년이나 멀리 떨어져 있지만, 사실 우리는 마음속으로 항상 천국을 느끼고 있다."

명상이 잘될 때 우리는 마음 겉면에 있는 잡다한 감정에서 벗어나 내면에 있는 나와 마주할 수 있다. 그리고 명상이 더욱 더 깊어지면 우리는 마음 깊은 곳에 있는 '무언가'와 만날 수 있다.

진언밀교(眞言密敎)의 창시자인 고보대사(弘法大師)는 《반야심경비결(般若心經秘鍵)》이라는 책 속에서 "부처의 가르침은 마음속에 있다"고 말했다. 명상을 할 때 우리가 '만나는' 것은 스티비 원더가 노래한 '천국'이고, 고보대사가 말한 '부처의 가르침'일지도 모른다.

사람의 내면에는 나와 멀리 떨어진 곳에 있는 '무언가'가 존재한다. 그것은 1000억 광년 떨어진 '무언가'이면서, 내 안에 있는 것이기도 하다.

명상이나 행을 통해 마음이 안정되면 우리는 모든 일에서 좋은 결과를 얻을 수 있을 것이다. 일도 잘 풀리고, 가족이나 친구 등 인간관계도 원활해질 것이다. 그러나 그러한 명상의 효과는 사실 '집단 안'에서 얻는 좋은 결과에 불과하다.

물론 집단 안에서 얻는 긍정적인 결과도 나쁘지는 않다. 그리고 인생의 70퍼센트 정도는 집단 안에서 얻는 결과만으로도 충분하다. 그러나 집단에서 아무리 좋은 결과를 얻는다고 해도 인생의 나머지 30퍼센트는 절대 채워지지 않는다.

왜냐하면 인생에는 논리나 지식, 경험으로는 도저히 설명할 수 없는 일이 일어나기 때문이다. '운'이나 '감'처럼 논리적으로는 절대 설명할 수 없는 세계가 우리 인생의 30퍼센트를 차지하고 있다.

마음속에 있는 공허감을 버리고 충실한 인생을 보내고 싶다면 '나와 멀리 떨어진 곳에 있는 무언가'를 잠깐이라도 만나야 한다.

우리의 마음속에는 평소에는 절대 보이지도, 만질 수도 없는 '무언가'가 있다. 아주 멀리 있지만, 사실 내 마음속에 있는 무언가. 그것과 만날 때 우리는 비로소 마음속의 공허감을 극복할 수 있다.

Think

인생에는

논리적으로 말할 수 없는 일이

많이 일어나기도 하지.

좋은 선물을
고르는 일

일상에서 우리가 논리적으로 설명할 수 있는 일은 얼마나 될까?

이를테면 선물에 대해 생각해보자. 좋아하는 사람에게 선물을 하고 싶다면 우리는 무엇을 어떻게 해야 할까?

나는 이전에 선물 고르는 일을 매우 어려워했다. 상대방의 취미를 생각하고, 무엇을 선물해야 상대방이 좋아할지 고민하면 고민할수록 엉뚱한 선물만 떠올랐다. 특히 젊었을 때는 선물을 고를 때마다 깊은 고민에 빠졌다. 그러나 나이가 조금씩 들자 눈치 없는 나도 '마음을 울리는 선물'을 고를 수 있게 됐다.

마음을 울리는 선물이란, 말로 표현하자면 '놀라움'과 '의외성'이다.

상대방의 취미나 관심 분야에 사로잡히면 의외성이 있는 선물을 준비할 수 없다.

우연에 몸을 맡겨야만
상대방을 기쁘게 하는 선물을 고를 수 있다.

이처럼 좋은 선물을 고르는 일은 결코 논리적으로 설명할 수 없다.

길에서 우연히 본 가방을 선물하는 것처럼, 삶 속에서 우연에 몸을 맡겨보자. 집단 안에서 얻을 수 없는 '인생의 나머지 30퍼센트'의 세계에서 좋은 결과를 얻고 싶다면, 우리가 지금까지 만나지 못했던 '무언가'와 만나야 한다.

물론 명상이나 행을 하지 않아도 논리적으로 설명할 수 없는 직감의 세계를 이해할 수도 있다. 그러나 명상과 행은 우리 같은 평범한 사람도 수준 높은 인생을 걸어갈 수 있도록 만들어준다.

명상이나 행을 실천하면 평소에는 절대 보이지도, 만질 수도 없는 '무언가'와 만날 수 있다. 그 '무언가'는 집단 안을 살아가는 한 절대 만날 수 없는 것이다.

그 '무언가'가 집단 안에서 절대 얻을 수 없는, 인생의 남은 30퍼센트에 해당하는 직감의 세계를 이해시켜줄 것이다.

내 몸이 하는 말에 귀 기울이기

우리는 어디에서 왔을까

"나는 어디서 왔을까. 나는 누구일까. 나는 어디로 가는 걸까."

이것은 프랑스의 화가 폴 고갱이 한 말이다.

이 물음이 명언이 된 이유는, 모든 질문이 우리가 알지 못하는 세계로 향하고 있기 때문이다.

사람은 누구나 자신이 어디에서 왔는지, 누구인지, 이 세상을 떠난 후에 어디로 가는지 알지 못한다. 왜냐하면 우리는 이 세상에 존재하는 '모든 것'을 느낄 수 없기 때문이다.

이를테면, 의자에 앉아서 눈을 감고 귀를 기울여보자. 눈을 감으면 앞이 보이지는 않지만 주변에 무엇이 있는지 '느낄' 수는 있다.

만약 지금 눈을 감고 있는 곳이 집이라면, 서랍장이나 냉장고 안에 있는 물건 정도는 "아, 여기에 이게 있지" 하고 느낄 수 있을 것이다. 조용히 호흡하면서 감각을 세우면 현관문 밖이나 창밖에 있는 세상도 느낄 수 있다.

그러나 그렇게 감각을 넓혀가도 이 우주는 실감할 수 없다.

불교에는 '본불생(本不生)'이라는 말이 있다. '본불생'이란 한마디로 말하면 이 세상과 이 우주에 존재하는 '모든 것'이다. 오랜 수행을 거쳐 깊은 명상에 들어가면 비로소 '본불생'을 느낄 수 있다. '본불생'의 경지는 내 방 의자에 앉아서 1000억 광년 떨어진 세계를 느끼는 것과 같다.

물론 '본불생'의 경지에 도달하기란 매우 어렵다. 그러나 우리가 상상도 하지 못할 만큼의 거대한 세계가 있다는 사실을 의식하는 것만으로도 우리의 세계관이나 자아상은 크게 변화한다.

우리가 생활하는 이 세계도 거대하고 복잡하게 보일 것이다. 나는 의사이자 남자이고, 아버지이고, 일본인이며, 호모사피엔스라는 종의 후손이다. 이 지구가 탄생한 수억 년 역사의 일부를 차지하고 있는 존재이기도 하다.

그러나 지구의 역사가 아무리 길어도 그것 역시 '집단'일 뿐이라고 불교는 가르쳐준다. '본불생'의 세계로 보면, 지구의 거대함도 생명의 역사도 모두 작고 보잘것없는 '집단'일 뿐이다.

미묘하게
방향 틀기

　요즘 사람들의 관심은 '정보'에서 '감각'으로 급속하게 바뀌고 있다. 이를테면 사람들은 책과 음반 CD를 구입하는 대신에 강연장이나 콘서트장을 찾아간다. 현대사회는 정보가 아니라 감각, 물건이 아니라 경험이 요구되는 시대다. 이러한 시대에는 높은 품질과 좋은 정보를 순식간에 파악하는 감각이 '지식'이 된다.

　또한 앞으로는 인간이 하는 대부분의 작업을 인공지능 로봇이 대신하게 될 것이다. 일설에서는 향후 10년이면 인공지능의 지성이 인간의 지성을 뛰어넘을 것이라고 한다. 그런 시대가 오면 정보가 아닌 감각의 힘이 더욱더 필요해질 것이다.

　스티브 잡스는 생전에 자사의 기술을 특허 내는 동시에 그기술을 엄중하게 숨기기도 했다. 그중의 하나가 아이폰의 한 기능인 '플릭 입력'이다.

플릭 입력이란 손가락으로 스마트폰의 화면 위를 가볍게 두드리는 조작 방식이다. 플릭 입력이 획기적인 이유는 기술적인 측면보다 감각적인 요소에 있다. 화면을 두드릴 때 느껴지는 손가락 감각이나, 조작했을 때 얻어지는 시각적 쾌감이 플릭 입력의 큰 장점이다. 스티브 잡스가 플릭 입력의 기술을 절대 누설하지 않은 이유도 이 '감각' 때문이었을 것이다.

우리의 감각은 말로 표현할 수 없을 만큼의 아주 미묘한 차이까지 감지한다(만약 말이나 수치로 표현할 수 있다면 그것은 감각적 차이라기보다는 수준의 차이일 것이다). 그리고 그 미묘한 차이를 느낄 수 있는지 없는지에 따라서 우리의 인생은 크게 바뀐다.

사람들이 북쪽으로 걸어갈 때 나만 발을 살짝 틀어 동쪽으로 걸어간다, 이것은 방향을 잃은 것조차 눈치 채지 못할 만큼의 아주 미묘한 차이다. 사실 발을 살짝 틀고 10미터 정도 걸어간다고 해도 우리는 사람들이 가는 길에서 크게 벗어나지 못한다. 그러나 그 상태로 1킬로미터 혹은 2킬로미터를 걸어간다면 도착지는 완전히 달라질 것이다.

이렇듯 미묘한 차이는 커다란 차이,
그리고 본질적인 차이를 낳는다.

우리는 지금 '미묘'라는 말을 '약간'이라는 의미로 사용한다. 그러나 '미묘'라는 말은 본래 불교의 '무상심심미묘법(無上甚深 微妙法)'이라는 말에서 나왔다. 이것은 부처가 깨달은 진리는 더 이상 위가 없는 깊은 깨달음이라는 의미다. 즉 '미묘'란 더 높은 곳이 없는 '최고'를 의미한다.

　　고어는 현대로 오면서 그 의미가 완전히 바뀌는 경우가 종 종 있다. '미묘'가 그 전형적인 예다. 미묘는 고어에서는 '최고' 를 의미했지만, 현대에 와서는 '약간'이라는 의미로 사용되고 있다.

　　그러나 만약 '미묘한 차이'가 '본질적인 차이'를 낳는다면, '미묘한 차이'란 어쩌면 '약간의 차이'이면서 더 높은 곳이 없는 '최고의 차이'일지도 모른다.

　　집단은 우리에게 말로 의사전달을 하고 이성적으로 사물을 판단하기를 요구한다. 그러나 세상은 말이나 이성으로는 감지 할 수 없는 미묘한 차이로 가득 차 있다.

5

작은 변화가

인생을

바꾼다

매일 하는 것이
마음에 효과적이다

행과 명상을 통해 신체감각을 키워나갈 때는 반드시 기억해야 할 철칙이 있다. 그 철칙이란, 행과 명상은 매일 하는 것이 마음에 효과적이라는 사실이다.

일주일에 한두 번 시간을 내어 행과 명상을 하는 사람보다 매일 5분씩 행과 명상을 하는 사람이 그 효과를 더 많이 볼 수 있다. 매일 하는 것이 무엇보다도 가장 중요하다.

인간의 몸에는 '항상성'이라는 현상이 있다. 항상성이란 간단하게 말하면, '지금의 상태'를 유지하려는 성질이다.

이를테면 우리의 체온은 난방이 잘되는 방에서도, 눈이 내리는 밖에서도 항상 36도에서 37도를 유지한다. 또한 급격하게 다이어트를 한 후에 체중이 원래대로 돌아오는 것을 요요 현상이라고 하는데, 이것도 '지금 상태'를 유지하려는 항상성에 따른 모습이다.

몸과 마음은 하나다. 따라서 몸과 마찬가지로 마음에도 항상성의 현상이 존재한다.

**아무리 좋은 생각과 좋은 행동이라도
새로운 생각, 새로운 습관, 새로운 감정은
며칠이 지나면 반드시 잊어버리게 되어 있다.**

운동선수는 단 며칠의 공백기를 채우기 위해 한 달을 열심히 노력한다고 한다. 오랜 세월 지속된 나쁜 습관을 바꾸기 위해서는 새로운 행동을 '매일' 반복해야 한다.

사람은 빠른 결과를 추구한다. 그러나 모든 분야가 그렇듯이, 새로운 것을 할 때에는 적어도 100일 이상 그것을 지속해야 효과를 얻을 수 있다.

인간의 몸은 약 37억 개의 세포로 이루어져 있다. 이 모든 세포가 활발하게 신진대사를 하고 있다는 사실은 누구나 다 알고 있을 것이다. 지금 이렇게 책을 읽고 있는 동안에도 우리의 몸 안에서는 오래된 세포는 파괴되고 새로운 세포가 태어나고 있다. 세포가 사는 주기는 저마다 다르지만 보통 내장 세포는 몇 개월, 뼈의 세포는 몇 년 동안 살아간다고 한다.

새로운 습관도 아마 몇 개월에서 몇 년 정도는 지속해야 그 효과가 나올 것이다. 나는 습관을 바꾸려는 사람들에게 3개월,

작은 변화가 인생을 바꾼다

혹은 100일 동안 새로운 행동을 지속하라고 말한다. 그 정도는 지속해야 완전한 내 습관이 되기 때문이다.

그리고 그 습관이 1~2년 이어지면 '인생이 바뀌었다'는 확신이 들 것이다.

2주의 벽

"무언가를 바꾸는 데 1년이 걸렸다."

이런 말을 들으면 의욕이 사라질 것이다.

그러나 사실 습관을 바꾸는 데는 그리 오랜 시간이 걸리지 않는다. 습관 하나를 바꾸는 데 걸리는 시간은 보통 2주다.

또한 한번 바뀐 습관을 한 달 또는 1년 동안 유지하는 것은 그다지 어렵지 않다. 따라서 인생을 바꾸기 위해서는 2주 동안 평소와 다른 행동을 하면 된다.

2주라고 하면 누구나 쉽게 생각하겠지만, 사실 2주 동안 새로운 행동을 지속하기란 생각만큼 쉽지 않다. 아무리 작은 변화라도 사람은 '2주의 벽' 앞에서 좌절하기 쉽다.

그러면 '2주의 벽'을 극복하기 위해서는 어떻게 해야 할까?

당연한 소리지만, 죽을힘을 다하는 방법밖에 없다.

죽을힘을 다해 무언가를 해보자고 결심했을 때 바뀌지 않는

작은 변화가 인생을 바꾼다

것은 아무것도 없다. 물론 운도 따라줘야 할 때가 있다. 부자가 되거나 노벨상을 수상하기 위해서는 죽을힘과 함께 운도 따라야 한다. 그러나 "매일 한 시간 일찍 일어나 명상을 하자" 또는 "다이어트를 위해 하루에 1800킬로칼로리만 섭취하자" 등의 목표는 누구나 달성할 수 있다.

인생은 죽을힘을 다해야만 바뀐다.

사람들은 모두 자신의 인생을 바꾸고 싶어 하지만, 대부분 죽을힘을 다해 노력하지는 않는다. 가슴에 손을 얹고 생각해보면 누구나 자신을 반성하게 될 것이다.

Think

"내일부터 열심히 하자"고는 말했지만,

의욕이 나오지 않는 걸 어떡하지?

작은 창문
나오기

왜 우리는 좀처럼 죽을힘을 다할 수가 없는 걸까?

그것은 가능한 한 '즐기면서' 하고 싶기 때문이다.

그러니 죽을힘이 나오지 않는다면, 내 안에 숨은 '즐기고 싶은 마음'을 솔직하게 인정하자. 사람은 무의식중에 '확실하게 바뀌는 방법'보다 '즐기면서 바뀌는(부담 없이 바뀌는) 방법'을 선택한다.

하지만 익숙한 습관을 바꾸는 것 자체가 이미 '부담'이다. 아무 부담 없이 즐기면서 바뀌는 방법은 이 세상에 존재하지 않는다.

아무리 간단한 행동이라도 그것을 매일 지속하기란 쉽지 않다. "하루에 10분씩만"이라는 말을 듣고 기뻐해서는 안 된다. 하루에 10분 매일 하는 것은 상당히 어렵기 때문이다.

아무리 작은 변화라도 생활습관을 바꾸는 데는 많은 부담이 따른다. 한겨울 산속에 들어가 폭포수를 맞는 혹독한 수련이 아니라 누구나 쉽게 할 수 있는 행동이라도 그것을 '지속'하는 것은 어려운 일이다.

그렇기 때문에 가능한 작은 변화부터 시작하는 것이 좋다. "작은 창문에서 나오면 새로운 세상이 펼쳐진다"라는 말이 있 듯이, 하루에 조금씩 아주 작은 것부터 바꾸려고 노력해보자. 작은 행동을 2주 동안 지속하는 것이 습관을 바꾸는 첫걸음 이다.

이를테면 새로운 습관으로 독서를 꼽았다면, 우선은 하루에 책 한 페이지씩 읽는 것이 좋다. 이렇게 작은 행동으로는 아무 것도 바뀌지 않을 거라고 생각할 테지만, 아무리 작은 행동이 라도 습관이 바뀌면 인생이 달라진다.

해변에 불어오는 파도를 상상해보자. 비록 처음에는 잔잔한 파도일지라도 바람을 타고 오는 동안에 그 파도는 점점 거친 파도로 변한다.

아무리 작은 변화라도 그 행동을 지속하면
나중에는 큰 변화가 일어난다.

습관을 바꿔본 사람이라면 오랜 습관을 바꾸는 것이 얼마나 힘들고 귀찮은 일인지 잘 안다. 힘든 일이라는 것을 잘 알기 때

작은 변화가 인생을 바꾼다

문에 그들은 습관을 단숨에 바꾸려고 하지 않는다. 우리도 우선은 작은 변화부터 일으켜보자.

이를테면 운동 부족을 해소하기 위해 갑자기 새벽에 일어나 조깅하는 것은 무모한 행동이다. 새벽에 일어나 조깅을 하고 싶다면 우선은 평소보다 15분 일찍 잠드는 습관부터 들이는 것이 좋다. 그런 다음 조금 더 일찍 잠자리에 들어보자. 그렇게 하여 처음보다 한 시간 일찍 잠을 자면 이튿날 아침에 일찍 일어나는 것이 힘들지 않게 된다. 그러면 이제는 아침에 일어나는 시간을 한 시간 앞당기는 것이다.

조깅도 처음부터 한 시간을 달리려고 생각하지 말고, 우선은 15분 정도 가벼운 체조부터 시작하자. 이렇게 2주 동안 체조를 해서 운동하는 습관을 만든 후에 조금씩 조깅을 시작하는 것이 좋다.

내일부터 갑자기 무언가를 시작하려고 하지 말고, 단 5분만으로도 할 수 있는 작은 행동부터 바꿔나가야 한다. 그렇게 작은 창문에서 나오는 것이 인생을 바꾸는 첫걸음이다.

부담을
즐겨라

아무리 작은 행동이라도 습관을 바꾸는 데는 '부담'이 따르기 마련이다.

다만, 부담은 항상 마음에 부정적이지만은 않다. 우리는 방법에 따라 이러한 부담을 즐길 수도 있다.

부담을 즐기기 위해서는 '목적의식'을 버려야 한다. 이를테면 영어 단어를 암기할 때 '유창한 영어 회화'라든가 '토익 700점 달성'이라는 목표의식을 가지면 영어 단어 암기를 즐길 수 없게 된다. 그러나 친구와 함께 '영어 단어 빙고게임'을 하면 어떨까? 그러면 암기 자체를 하나의 오락으로 즐길 수 있지 않을까?

다이어트를 할 때도 '체중감량' 또는 '낮은 칼로리'를 게임처럼 즐겨보는 것이다. 이렇게 목표의식을 버리고 게임을 하듯이 즐기면 노력이라는 고통에서 벗어나 목표를 보다 쉽게 달성할 수 있게 된다.

다른 사람의 평가를 의식하지 말고

부담 자체를 즐길 것.

이것이 지속력을 높이는 하나의 방법이다.

Think

폭음, 폭식에 야식까지.

나쁜 습관은 쉽게 생기는데,

좋은 습관은 왜 쉽게 생기지 않는 걸까?

아침에
승부를 보자

습관을 바꾸기 위해서는 아침 시간, 즉 오전에 승부를 보는 것이 좋다. 왜냐하면 아침 시간대를 어떻게 보내는가에 따라 그날 하루의 '마음가짐'이 달라지기 때문이다.

이를테면 매일 아침 5분 정도 일찍 일어나 체조를 하는 습관을 들이면 그에 따라 연쇄반응이 일어난다. 그것이 인간관계에까지 영향을 미칠 수 있다.

한때 '아침형 인간'이라는 말이 유행한 적이 있었다. 아침형 인간이란 남들보다 일찍 일어나 미팅이나 새벽공부처럼 창조적인 일을 하는 사람을 말한다. 아침에는 오후보다 몸과 마음이 조금 더 활발하게 움직인다. 따라서 '아침형 인간'은 심리학적으로 봐도 합리적인 생각이다.

그러나 미팅이나 공부는 반드시 아침에 하지 않아도 된다. 왜냐하면 누군가와 만나 정보를 교환하는 '집단의 시간'은 그날의 컨디션에 따라 오후로 미뤄도 상관없기 때문이다. 컨디션이 가장 좋은 아침 시간대에는 몸을 움직이고 마음을 정리하는 '솔로타임'을 가져야 한다.

아침에 솔로타임을 가지면서 몸과 마음을 안정시켜보라. 그러면 그날 하루는 좋은 컨디션을 유지할 수 있을 것이다.

아침의 솔로타임은
하루의 컨디션을 좌우한다.

그러면 그 구체적인 방법은 무엇일까? 참고로 내가 지금 하고 있는 아침 습관을 소개하겠다.

나는 아침에 일어나면 우선 머리끝부터 발끝까지 몸을 정성껏 움직인다. 몸이 부드럽게 움직일 때까지 걸리는 시간은 약 30분이다. 몸이 충분히 부드러워지면 다음 30분 정도는 명상을 하면서 마음을 가라앉힌다.

이렇게 말하면 "컨디션을 조절하는 데 한 시간이나 걸린다고!" 하며 놀랄지도 모르겠다. 그러나 이것은 몸과 마음 상태를 하루 종일 좋게 유지하는 데 매우 효과적인 방법이다.

나처럼 아침의 한 시간을 몸과 마음을 정리하는 데 사용해보길 바란다. 아침에 갖는 솔로타임은 마치 다른 사람처럼 하루를 상쾌하게 보낼 수 있도록 하는 힘이 되어준다.

작은 변화가 인생을 바꾼다

밤의 유혹과
아침의 상쾌함

앞에서도 말했듯이 인생을 바꾸기 위해서는 아침 시간대를 보내는 방법이 중요하다. 하지만 아침 시간을 의미 있게 보내려면 밤 시간을 보내는 방법에 주의해야 한다. 밤에는 불필요한 행동을 하지 않고 일찍 잘 필요가 있다.

몸과 마음의 상태를 좋게 만들려면 야식과 술은 피해야 한다. 누구나 알고 있듯이, 한밤중에 야식을 먹거나 술을 마시면 이튿날 상쾌하게 일어날 수 없다. 또한 술을 마시고 늦게까지 자는 행동은 시간적으로도 정신적으로도 유익하지 않다. 아침에 일찍 일어나 몸을 움직이지도, 명상을 하지도 못하기 때문이다.

스트레스가 쌓여서 잠이 오지 않는 밤에는 물론 술 생각이 날 것이다. 나도 가끔은 밤늦게까지 좋아하는 게임을 할 때가 있다. 그러나 늦게 잔 다음 날에는 몸이 무겁고 하루 종일 컨디션이 좋지 않다. 이렇게 무거운 몸을 경험해본 사람이라면 밤늦게 술 마시는 것이 얼마나 해로운지 잘 알고 있을 것이다.

늦게 잔 다음 날 몸이 무거운 이유가 있다. 그것은 내장이 쉬지 못했기 때문이다. 간이 맥주 한 잔을 분해하기 위해서는 약 3시간이 걸린다고 한다. 바꿔 말하면, 잠자기 전에 술을 마실 경우 그만큼 '내장의 수면시간'이 줄어든다는 뜻이다.

예를 들어 밤 11시에 잠든다면 적어도 저녁 9시 이후에는 칼로리가 높은 음식이나 술은 먹지 않도록 노력해야 한다. 그래야 아침에 일어났을 때 기분 좋은 공복감을 느낄 수 있다.

이 '상쾌함'이 밤에 음식을 먹지 않고, 일찍 자고 일찍 일어나는 습관을 만들어주는 강력한 동기가 된다.

편의점의 24시간 영업이 당연해진 현대사회에서 야식의 유혹은 너무나 강력할 수밖에 없다. 그러나 아침에 느껴지는 상쾌함을 몸으로 기억해두면 그 유혹에서 보다 쉽게 벗어날 수 있다.

'밤의 유혹'을 참는 것보다 '아침의 상쾌함'을 기억하는 편이 생활습관을 바꾸는 지름길이다.

공복감을 즐기면
다이어트도 즐거워진다

늦은 밤 술이나 야식을 먹지 않으면 아침에 일어났을 때 기분 좋은 공복감을 느낄 수 있다. 나는 이 기분 좋은 공복감을 '순수한 공복감'이라고 부른다.

'순수한 공복감'은 정신적인 만족감으로 이어진다.

공복감과 만족감을 반대어로 생각할지도 모르지만, 사람은 원래 채집활동을 하는 동물이었다. 따라서 배고플 때 힘이 나온다는 것은 어쩌면 당연한 논리일지도 모른다.

하지만 현대를 살아가는 우리는 '공복=괴로움'이라고 생각한다. 이 생각은 공복감에 다양한 감정을 연결시킨 결과다.

사람들은 흔히 "디저트 배는 따로 있다"는 말을 한다. 이처럼 우리는 배고프지 않은데도 눈앞에 좋아하는 음식이 있으면

'배고프다'라고 느끼게 된다. 또한 반대로 일에 집중하다 보면 배고픔을 잊기도 한다.

이렇듯 식욕이나 공복감에는 다양한 감정이 깃들어 있다.

물론 칼로리가 낮은 음식을 장기간 섭취하면 혈당이 내려가고, 그 결과 뇌는 우리에게 '배고프다' '밥을 먹어야 한다'라고 명령을 내린다. 그러나 이것은 생리학적 수준의 식욕이고 공복감이다.

우리가 느끼는 '배고프다' 또는 '배부르다'라는 감각에는 다양한 감정이 숨어 있다. 그 감정은 맛있는 음식을 먹고 싶다는 욕구이기도 하고, 이 시간에 밥을 먹지 않으면 이따가 배고플지도 모른다는 불안감이기도 하다.

다이어트를 하고 있는 사람은 '공복감에 숨은 감정'을 하나씩 파헤쳐 보길 바란다. 그러면 생리적인 공복감에서 벗어나는 데 도움이 된다.

이렇듯 감각과 감정을 '분리'해나가면 서서히 믿기 힘든 일이 일어나기 시작한다.

공복감에서 감정을 분리시키면 공복감은 더 이상 괴롭지 않게 된다.

작은 변화가 인생을 바꾼다

공복감은 분노나 불안과 같은 다양한 감정을 눈덩이처럼 점점 부풀린다. 그 감정들을 하나씩 분리하면서 공복감을 지워나가 보자.

이렇게 감정을 분리하면 '순수한 공복감'을 맛볼 수 있게 된다. '순수한 공복감'은 평소 우리가 배고플 때 느끼는 '괴로움'과 '고통'과는 전혀 다른 기분 좋은 감각이다.

나는 가끔 이 '순수한 공복감'을 맛보기 위해 저녁식사를 거르는 경우가 있다. 이를테면 오후 12시에 점심식사를 한 후 저녁식사는 건너뛴다. 그러면 이튿날 아침 8시까지 거의 20시간 정도 음식을 섭취하지 않게 된다. 중간에 물이나 야채주스 등 칼로리가 낮은 음식을 먹으면 몸에 그다지 무리가 가지 않는다. 이렇게 저녁을 건너뛰는 것만으로도 신체감각에는 확실한 변화가 일어난다.

정신적으로 불안함과 초조함을 느끼고 있는 사람에게 나는 이 방법을 꼭 추천한다. '식(食)'이라는 것은 인간의 신체활동에 근본적인 역할을 한다. 따라서 '식'에 변화를 주면 신체감각이 변하고, 그 결과 마음 상태도 크게 바뀌게 된다.

그러나 당뇨병 환자나 저체중인 사람에게는 간헐적 단식도 몸에 큰 부담이 될 수 있기 때문에 주의해야 한다. 내가 제안하는 것은 다이어트 방법이 아니라 '공복감에서 감정을 분리하는 방법'이다.

15시간에서 20시간 정도 칼로리가 낮은 음식만 섭취하면 공복감과 보다 섬세하게 마주할 수 있다. 그러면 분노, 불안, 초조라는 감정이 공복감에서 분리되는 것을 자연스럽게 느낄 수 있게 된다.

이것이 공복감을 활용한
'솔로타임'을 보내는 방법이다.

수면과
마음의 관계

요즘은 불면증에 시달리는 사람이 많이 있다. 그러한 사람들은 물론 '쉽게 잠드는 방법'에 대해 조언을 얻을 필요가 있다. 또한 몸과 마음이 아플 정도로 극심한 불면에 시달리는 사람은 의사와 상담한 후에 수면제를 복용해야 할지도 모른다.

그러나 매일 일정한 시간에 자고 일정한 시간에 일어나는 것만이 건강한 수면은 아니다. 수면의 중요한 역할은 '몸과 마음에 쌓인 피로를 푸는 것'이다. 따라서 잠자는 시간에 굳이 집착할 필요는 없다.

또한 수면은 배움의 질을 높여주는 역할도 한다. 우리는 깨어 있는 상태에서는 배움의 '한계'를 넘기 어렵다.

배움의 씨앗은 하루아침에 열매를 맺지 못한다. 무언가를 배웠을 때는 적어도 일주일 또는 몇 달이 지나야 비로소 결실을 맺게 된다. 특히 인생의 커다란 전환점이 되는 깊은 깨달음이나 지혜는 결실을 맺는 데까지 더욱더 많은 시간이 걸린다. 그러한 배움은 단순히 'A=B'라는 기호적인 지식이 아니라, 다수의 요소가 결합된 '지혜'이기 때문이다.

따라서 질 높은 배움일수록 그 가치는 뒤늦게 발휘된다. 깊은 깨달음을 얻었을 때는 "무언가 대단한 것을 알았다" "말로 표현하지 못할 정도로 성장한 기분이다" 하는 애매한 상태가 한동안 지속된다. 이렇게 애매한 상태가 계속되는 동안에는 그 사람에게 표면적인 변화는 보이지 않는다. 그러나 깨달음을 얻은 지 몇 주 또는 몇 달이 지나면 "아, 그때 느낀 게 이런 거였구나" 하고 그 '모습'이 뚜렷해지기 시작한다. 이것이 바로 배움의 결실이다.

수면은 배움의 결실에 커다란 역할을 한다. 우리는 말할 것도 없이 깨어 있는 상태에서 무언가를 배운다. 그러나 그때 배우는 것은 부분에 지나지 않는다. 배움의 폭은 자고 있을 때 넓어진다.

〈난쟁이와 구둣방 할아버지〉라는 그림 형제의 동화가 있다.

구둣방을 운영하는 노부부는 구두가 팔리지 않아 매일 밤 괴로워하며 잠을 청했다. 그러던 어느 날 아침에 일어나 구둣방에 가보니 새 구두가 만들어져 있었다. 그 구두는 매우 비싼 값에 팔렸다.

노부부는 구두를 판매한 돈으로 가죽을 사서 또 새 구두를 만들려고 했다. 그러나 다음 날에도 구두는 이미 만들어져 있었다. 이상하게 생각한 부부가 밤에 몰래 구둣방에 가보니 거기서 난쟁이들이 구두를 만들고 있었다. 노부부가 잠을 자고 있는 동안에 그들이 구둣방에 와서 구두를 만들어주었던 것이다. 난쟁이의 구두가 인기를 끌면서 노부부는 가난에서 벗어날 수 있었다.

자고 있을 때 우리의 뇌는
깨어 있을 때와는 다른 논리로 움직인다.

이 동화에 등장하는 난쟁이는 우리가 자고 있을 때 움직이는 뇌의 모습을 표현하고 있는 것인지도 모른다.

노부부가 자고 있을 때 난쟁이들이 구둣방을 찾아와 구두를 만들어준 것처럼, 우리가 자고 있을 때 난쟁이들은 우리 뇌에 찾아와 배움을 '지혜'로 만들어준다. '난쟁이의 움직임'은 깨어 있을 때 움직이는 논리와는 전혀 다른 지성이다. 이 지성이 움직일 때 우리는 깊은 지혜를 얻을 수 있다.

인간에게는 '수면'이라는 솔로타임이 꼭 필요하다.

Think

잠이 오지 않을 때는

수면제를 먹어서라도 꼭 자야 하는 건가?

뇌 안에 있는
난쟁이를 깨워라

물론 나이에 따른 차이나 개인차는 있지만, 사람의 평균 수면시간은 하루에 8시간 정도라고 한다. 그러면 인생의 3분의 1은 수면 중에 있게 된다.

이는 곰곰이 생각해보면 조금 놀라운 일이다. 일하거나, 놀거나, 밥을 먹거나, 웃거나, 화내는 시간은 사실 우리 삶의 3분의 2밖에 되지 않는 것이다.

만약 수면이 '몸과 마음의 휴식'에 불과하다면 사람들은 약을 먹어가면서라도 잠을 자지 않으려고 할지도 모른다(실제로 에너지 음료를 마시면서 졸음을 참는 사람도 많이 있다). 그러나 앞에서도 말했듯이, 잠자고 있을 때는 깨어 있을 때와는 다른 지성이 움직인다. 이 사실을 알면 수면과 마주하는 방법이 달라질 것이다.

확실히 잠을 자지 않으면 몸과 마음에 피로가 쌓여서 많은 문제가 일어난다. 그 측면에 대해서는 나도 부정하지 않는다. 수면부족은 해소하는 편이 좋고, 때에 따라서는 수면제가 필요하기도 하다. 그러나 수면은 몸과 마음의 휴식뿐만 아니라 배움의 질을 높여주는 역할도 한다. 이처럼 수면을 휴식이 아닌 배움으로 생각할 때는 '난쟁이의 움직임'에 더욱더 주목해야 한다.

잠이 오지 않을 때는 억지로 잠을 청하기보다는 깨어 있는 상태에서 '난쟁이를 움직일 방법'을 생각해야 한다.

나는 불면에 시달리는 사람들에게 명상을 추천한다. 명상을 통해 몸이 안정되면 잠이 잘 오기 때문이다. 또한 명상을 하면 평소와는 다른 의식상태에 들어가게 되고, 그 결과 '난쟁이의 움직임'도 활발해진다.

잠이 오지 않을 때는 명상을 하면서 '배움의 질'을 높여보자. 이것은 수면시간을 늘리는 것보다 훨씬 중요한 일이다.

물론 명상을 하면 잠을 자지 않아도 된다는 뜻이 아니다. 수면시간은 반드시 필요하다. 그리고 특별히 병적인 상태에 있지 않는 한 사람은 반드시 잠을 자게 되어 있다. 극심한 불면증에 시달리는 사람도 언젠가는 반드시 잠을 잔다.

쉽게 잠들지 못하는 사람은 '잠이 오지 않는 것'에 초조함을 느끼고, 그 결과 수면의 질이 떨어지고 만다. 하지만 그 초조함의 원인은 '불면'에 있는 것이 아니라, 대부분이 '미래(내일)에 대한 불안'에 있다. 내일 있을 회의 준비를 완벽하게 마치지 못했다는 불안, 또는 시험에 떨어질지도 모른다는 불안이 마음속에서 소용돌이치고 있는 것이다.

이렇게 불안하고 초조할 때 우리는 쉽게 잠들지 못한다. 그러나 명상을 통해 마음이 안정되면 잠자는 것이 보다 쉬워진다.

밤에 침대에 누워도 마음이 불안해 좀처럼 잠이 오지 않는다면, 침대에 누운 채로 눈을 감고 호흡을 세어가면서 신체감각을 관찰해보자. 그때 침대에 누운 원래 목적은 수면이었기 때문에 방 안은 이미 어두울 것이다. 어두운 방에 누워서 명상을 하면 낮에 앉아서 명상할 때와는 다른 상태에 이를 수 있다. 그럴 때는 내가 지금 눈을 감고 있는지 뜨고 있는지, 내가 누워 있는 곳이 방인지 넓은 들판인지 점점 알 수 없게 되면서 나와 세상의 경계가 조금씩 불분명해진다.

그렇게 침대 안에서 명상을 한 후에는 더 쉽게 잠들 수 있을 것이다.

6

한 번 더

집단 안으로

들어가자

행복은
내가 만드는 것이다

이제 슬슬 내가 전해야 할 말을 마무리 지을 때가 왔다. 여기서 잠깐 앞에서 한 말들을 정리해보자.

나는 1장에서 혼자 있는 시간을 만들자고 제안했다.

혼자 있는 시간이 필요한 이유는 무엇일까?

그것은 현대인들이 회사나 가족, 친구나 애인 또는 사회라는 '집단'의 가치관에 강하게 지배된 나머지 몸과 마음의 자유를 빼앗겼기 때문이다.

사람에게는 누구나 가능성이 있다. 그러나 그 가능성을 충분히 펼치는 사람은 유감스럽게도 극소수에 불과하다. 그 이유는 대개의 사람들이 집단의 가치관이나 상식에 자신을 맞추기만 할 뿐, 자신이 진짜 좋아하는 것에 집중하고 몰두하지 않기 때문이다.

불쑥 찾아오는 공허감,
그것은 집단 안에서 다른 사람의 시선을
끌지 못했을 때 오는 직감적인 감정이다.

물론 집단을 따르는 것은 중요하다. 재능의 꽃을 피우기 위해서도 집단 안에 있을 필요가 있다. 그러나 다시 말하지만, 인생의 목적은 인간관계가 아니다.

인생의 한정된 시간을 집단에 낭비해서는 안 된다. 그리고 집단에 지배되지 않기 위해서도 반드시 솔로타임이 필요하다.

혼자 있는 시간, 즉 솔로타임이란 집단에서 잠시 벗어나 내 몸과 마음 상태를 바라보는 시간이다. 솔로타임을 즐기기 위해서는 커피숍에서 책을 읽어도 좋고, 여행을 떠나도 좋다. 또는 명상이나 행을 하면서 마음을 안정시키는 것도 솔로타임을 보내는 훌륭한 방법이다. 그렇게 하면 우리는 집단의 가치관이나 평가에서 벗어나 진짜 내가 하고 싶은 것과 마주할 수 있게 된다.

솔로타임은 어쩌면 사회적 성공과는 거리가 먼 발상일지도 모른다. 하지만 잘 생각해보면, 그리고 솔로타임을 실제로 실천해보면 그렇지 않다는 것을 깨달을 수 있다.

다만 내 경험으로 추측하건대, 이 책을 읽은 후에도 솔로타임을 실천하는 사람은 그다지 많지 않을 것이다. 왜냐하면 사람은 변화를 싫어하기 때문이다.

사람은 변화를 두려워하는 동물이다. 이를테면 아주 사소한 변화라도, 또는 인생이 크게 바뀌는 변화라도 사람은 자신의 습관을 바꾸는 것에 강한 심리적 저항감을 품는다.

하지만 사람은 누구나 '바뀔' 수 있다. 인생을 좋은 방향으로 바꾸고 싶다면 누구나 지금부터 자기 삶에 변화를 줄 수 있다.

처음에는 작은 변화라도 상관없다. 매일 아침 조금 일찍 일어나 몸을 움직이는 것만으로도 충분하다. 마음을 안정시키고, 밝고 상쾌한 나를 만드는 것을 습관화하면 우리의 인생은 크게 바뀔 것이다.

반응하되
휘둘리지 않는다

집단에서 벗어나 솔로타임을 갖다 보면 내가 속한 집단(회사나 가족 또는 내가 살고 있는 나라)의 문제가 눈에 띄게 보일 때가 있다. 불쾌하고 무책임한 상사, 얼굴만 마주치면 싸우는 가족. 이렇게 다양한 문제를 확인한 우리는 회사를 그만두거나 가족과 연을 끊겠다고 결심할지도 모른다.

그러나 집단이 아무리 싫어도 사람은 집단에서 벗어나 영원히 혼자 살 수는 없다. 무인도에서 생활한 로빈슨 크루소조차 사실은 '혼자 있는 시간'이 없었던 것처럼, 우리는 결국 집단 안에서 살아가야만 한다.

그러면 집단에서 벗어날 수 없는 우리에게 솔로타임이란 그저 단순한 기분전환에 불과한 것일까?

그렇지 않다. 집단의 평가나 역할에 의존하지 않고 밝고 상쾌한 나를 유지하려고 노력하면, 솔로타임은 기분전환 이상의 의미를 발휘하게 된다.

집단이 요구하는 기대와 역할에 맞추려는 마음이 강하면 강할수록 사람은 과잉적응에 빠진다. 집단이 요구하는 기대에 집착하다 보면 사람은 어느 순간 '삶의 의미'에 대해 깊은 공허감을 느끼게 된다. 그러한 사람은, 지금까지 말했듯이, 집단에서 벗어나 오롯이 나만의 시간을 가질 필요가 있다.

집단의 평가에 집착하지 않게 되면, 즉 과잉적응에 빠지지 않으면 집단 안에서도 다른 사람을 배려할 수 있게 된다. 혼자만의 시간으로 건강한 상태의 나를 유지하면 아무 조건 없이 다른 사람을 도울 수 있다.

집단에서 좋은 평가를 얻기 위해 다른 사람을 도와주는 행동과 내 의지로 자연스럽게 다른 사람을 도와주는 행동 사이에는 표면적인 차이가 거의 없다. 그러나 두 사람의 행동의 결과는 완전히 다르다. 전자는 자신이나 주변 사람에게 오히려 상처를 주기 쉽고, 후자는 자신이나 주변 사람 또는 집단을 조금씩 좋은 방향으로 이끌어갈 수 있다.

공자는 "군자는 화이부동(和而不同)하는 사람, 소인은 동이불화(同而不和)하는 사람"이라고 말했다. '동(同)'이라는 것은 심리학적으로 말하면 집단 안에서 다른 사람의 감정에 일일이 반응하고, 동조하고, 휘둘리는 상태다. 반면에 '화(和)'라는 것은 다른 사람의 감정에 반응은 하지만, 그 감정에 휘둘리지 않고 배려하는 상태다.

사람은 혼자 태어나 혼자 죽는다. 이것은 틀림없는 사실이지만, 그것에 대해 '외로움' 혹은 '쓸쓸함'의 'Lonely'로 받아들이면 사람은 집단에 의존하게 된다. 이렇게 집단에 의존하려는 심리를 나는 '의존심'이라고 부른다. 의존심이 강하면 집단의 평가에서 자유로워질 수 없다.

사람은 혼자(Alone) 태어나 혼자 죽는다는 사실을 있는 그대로 받아들일 수 있게 됐을 때, 즉 솔로타임을 진심으로 즐길 수 있게 되었을 때 우리는 집단에서 벗어나 다른 사람을 거짓 없이 도울 수 있다.

어째서 '혼자'라고 생각할 때
다른 사람을 도울 수 있게 되는 것일까?

배려에는 커다란 '마음의 벽'이 있기 때문이다. 집단의 평가에 집착하는 사람은 배려도 하나의 평가로 생각하기 쉽다. 그러나 세상에는 마음에서 우러나와 진심으로 선행을 베푸는 사람도 있다.

지금은 이 말이 이해되지 않더라도 솔로타임을 보내다 보면 분명 이해할 수 있는 순간이 찾아올 것이다. 혼자서도 충분히 행복한 시간을 보내다 보면 '이 세상은 따뜻한 곳' 그리고 '저

한 번 더 집단 안으로 들어가자

사람은 나에게 미소를 보내는 따뜻한 사람'이라는 사실을 실감할 수 있기 때문이다.

물론 마음에서 외로움을 완전히 지울 수는 없다. 그러나 집단의 평가에서 벗어나 의심 가득한 마음 상태를 벗어던지고 나면 외로움은 괴로움이 아닌 '따뜻함'으로 바뀔 것이다.

다시 인생이라는
현장으로

마음이 안정되면 집단 안에서 일어나는 일이 때로는 시시하게 보일 때도 있다. 회사, 집, 학교 등 집단은 항상 사람들의 욕구와 감정을 자극시키면서 중요하지 않은 일을 크게 만든다. 이것이 집단의 현실이다.

그러나 꼭 기억해야 할 것이 있다. 인생에서 일어나는 아름다운 일이나 훌륭한 일 또한 집단 안에서 일어난다는 사실이다.

좋은 일이든, 싫은 일이든, 인생에서 일어나는 이런 모든 일들을 즐기기 위해서도 우리에게는 혼자 있는 시간이 반드시 필요하다. 그렇지 않으면 우리는 집단 안에서 어떠한 일이 일어나고 있는지 제대로 볼 수 없다.

부도 위험에 빠진 회사에서 우왕좌왕하는 사람이 있는가 하면, 어떠한 때에도 주변에 휘둘리지 않고 자신의 일을 묵묵히 해내는 사람도 있다. 이 두 사람의 차이는 '홀로 있는 시간을 보내는 방법'에 있다고 나는 생각한다.

　사람은 모든 일을 예측하면서 살아가는 동물이다. 친구와 대화할 때도, 회사에서 기획서를 작성할 때도 우리는 무의식중에 앞날을 예측한다.

　일이 예측범위 안에 들어가 있는 동안에는 집단에 몰두하면서 지내도 큰 문제는 일어나지 않는다. 그러나 미래가 깨지고 예측이 빗나간 순간에는 어떻게 될까? 이럴 땐 직위를 벗어던져야 하고, 그 동시에 인간으로서의 능력을 의심받게 된다.

　'직위'는 집단 안에서 이룬 자기실현이다. 이에 반해 '능력'이란 홀로 있는 시간을 통해 키워진 인간의 힘이다.

　우리는 일반적으로 '집단의 법칙=삶'이라고 무의식중에 생각한다. 학교나 회사, 가족이나 친구, 국가나 사회가 요구하는 역할을 하나씩 해나가는 것이 인생의 전부라고 생각한다. 그러나 집단이 요구하는 역할에 책임을 다하는 것은 하나의 실현일 뿐이다. 인생 전체를 놓고 보면 그것은 일부에 지나지 않는다.

　사실 인생에서 일어나는 모든 일은 대부분이 한 번뿐이다. 지식이나 정보를 아무리 많이 쌓아 올려도 그것이 결정적으로 도움이 되는 순간은 다시 찾아오지 않는다. 그것이 바로 인생이라는 현장이다.

우리는 지식이나 정보가 아닌
몸과 마음으로 문제와 마주해야 한다.

그래야 인생이라는 현장에서 내 능력을 펼칠 수 있다.

나는 정신건강의학과 의사로서 그럭저럭 '인생의 현장'을 살아온 인간이다. 그리고 누구에게나 나름대로 자신만의 현장이 있을 것이다.

혼자 있는 시간인 솔로타임은 지식과 정보가 통하지 않는 '인생의 현장'에서 묵묵히 문제와 마주할 수 있는 진짜 능력을 키워준다.

마음의 커튼을 열자

회사에 출근하고 다른 사람과 만나는 것은 사실 누구에게나 두렵고 불안한 일이다. 왜냐하면 타인은 '내 뜻대로 되지 않는 존재'이기 때문이다.

다른 사람이 내 뜻대로 되지 않는 것은 당연한 일이다. 그러나 내 말을 무시하는 상사나 성격이 나쁜 친구처럼 나와 맞지 않는 사람만 내 뜻대로 움직이지 않는 것은 아니다. 사랑하는 가족이나 오랜 세월 만나온 친구도 '다른 사람'인 이상 절대 나의 뜻대로 될 수는 없다.

타인은 내 뜻대로 움직이지 않는다. 그렇기 때문에 타인과 만나는 것은 두렵고 불안한 일인 동시에, 즐거운 일이기도 하다.

사람과 소통하는 것을 두려워할지 즐길지의 차이는 바로 '기대심리'에 달려 있다.

다른 사람에게 바라는 것이 많은 사람은 그 기대가 충족되지 않았을 때 큰 충격을 받는다. 데이트는 당연히 즐거운 만남이지만, 애인이 조금이라도 자신의 생각과 다른 행동을 하면 그 데이트는 '최악의 하루'로 변한다. 이처럼 우리는 무의식중에 다른 사람에게 기대하고, 그 기대가 충족되지 않으면 상대방에게 화를 내고 침울해진다.

그렇다면 타인에게 전혀 기대하지 않으면 어떻게 될까?

적어도 상대방에게 배신당해서 상처받는 일은 없을 것이다. 실제로 우리는 기대가 충족되지 않을 것을 두려워한 나머지 '어차피 내가 바라는 대로 되지 않을 거야' 하며 처음부터 선을 그을 때가 있다.

80점을 기대한 시험에서 60점을 받으면 실망감이 크지만, 처음부터 30점을 기대했다면 60점도 기쁘게 받아들이게 된다.

이처럼 '기대심리'를 낮추는 것도 소통의 한 방법이다. 이것은 언뜻 보기에 나쁘지 않은 전략처럼 보인다.

그러나 이 방법에는 부작용도 있다. 마음속으로 생각한 '낮은 평가'에 의해서 실제 행동도 낮아질 우려가 있기 때문이다.

생각과 실제 행동은 별개라고 생각할지 모르지만, 생각이 실제 행동으로 나타나는 건 결코 신비한 현상이 아니다.

미래를 '낮게 평가'하는 사람은 눈앞에 있는 상대에게 마음을 터놓지 못한다. "이 사람은 내 말을 부정할지도 몰라" 하며 불안해하거나 "실수를 하면 잔소리를 늘어놓을 거야" 하고 선을 그어놓기 때문이다. 이렇게 선을 그으면 무의식중에 '마음의 커튼'을 닫게 된다. 따라서 상대방의 좋은 의도가 다르게 해석될 때도 있다. 진심으로 대하면 소통은 즐겁고 원활해지지만, 마음의 커튼을 닫으면 소통은 막혀버린다.

타인의 말과 행동은 내가 예측할 수 없기 때문에 처음 보는 사람과 만날 때에는 누구나 조금은 불안할 수밖에 없다. 그러나 상처받기 싫어서 일부러 마음의 커튼을 닫는 것만큼 안타까운 일도 없다. 조금이라도 용기를 내어 마음의 커튼을 열어보자. 그러면 '만남의 질'이 바뀔 것이다.

마음의 커튼은 처음 보는 사람에게만 한정된 이야기가 아니다. 우리는 오히려 매일같이 얼굴을 마주하는 가족이나 친구 또는 직장동료에게 마음의 커튼을 닫는 경우가 많이 있다.

인간은 같은 사람과 몇 번 만나다 보면 그 사람에게 편견을 갖는 경향이 있다. 이것도 물론 마음의 커튼이다.

가족이나 친구 또는 직장동료를 매일 처음 보는 기분으로 대해보라. 이것이 마음의 커튼을 여는 행동 중의 하나다.

**아침에 일어나 커튼을 열면 따뜻한 햇살이
방 안을 비출 것이다.
이렇게 따뜻한 마음으로 사람들과 만나보자.**

일상에서 누군가와 만날 때마다 의식적으로 마음의 커튼을 여는 시도를 해보길 바란다. 그것만으로도 만남의 질은 확실히 높아질 것이다.

소통을 위한
작은 노력

나를 싫어하면 어떡하지? 무시당하면 어떡하지? 사이가 틀어지면 어떡하지? 우리는 처음 보는 사람이나 조금 어려운 사람과 만날 때면 무의식중에 이런 불안감에 사로잡힌다.

이것은 다른 사람을 '적'으로 생각하는 행동이다. 입시면접, 취업활동, 회의 등 어떠한 상황이라도 상대방을 적으로 생각하면 몸과 마음은 긴장되고 의욕도 떨어지게 된다.

긴장을 풀기 위해서는 주변 사람이나 물건을 내 편으로 만들 필요가 있다.

물론 처음 보는 사람이라도 상대방이 친절하게 나오면 우리는 자연히 긴장감이 풀어진다. 그러나 처음부터 상대방이 친절하기를 기대해선 안 된다. 내가 먼저 긴장을 풀고, 상대방을 내 편으로 만드는 방법을 나름대로 만들어가야 한다.

이를테면, 단순한 방법처럼 보일지도 모르지만, 밝게 인사하는 것도 상대방을 내 편으로 만드는 효과적인 방법이다. 아침에 출근해서 먼저 온 사람에게 "안녕하세요!" 하고 밝게 인사해보자. 한 달 정도 그렇게 하다 보면 주변 사람들과의 소통이 점점 더 원활해지는 것을 느낄 수 있을 것이다.

주변 사람을 어느 정도 내 편으로 만들었다면 다음에는 '나눔'에 도전해보자. 굳이 큰 것을 나눌 필요도 없다. 이를테면 옆 사람과 과자를 나눠 먹는 것도 '나눔'의 한 방법이다. "이 과자 맛있는데, 조금 드릴까요?"라며 밝은 목소리로 말하는 것만으로도 대인관계에서 오는 스트레스가 크게 줄어들 수 있다.

물론 나눔은 물건에 한정되지 않는다. 편의점 계산대에서 누군가와 동시에 섰을 때 먼저 계산하라고 양보하는 것도 나눔의 일종이다. 또한 혼잡한 버스 안에 자리가 났을 때 먼저 앉지 않고 몸이 불편한 사람은 없는지 주변을 둘러보는 것도 나눔의 하나다.

이것은 배려의 작은 노력이다.

인생에는 이러한 '작은 노력'이 꼭 필요하다.

하지만 너무 애를 써서 노력하다 보면 금방 지쳐버리기 때문에 할 수 있는 만큼 조금씩 시도하는 편이 좋을 것이다.

아침에 출근했을 때 동료가 평소와는 다른 침울한 표정으로 책상 앞에 앉아 있을 때가 있을 것이다. 그럴 때는 내 커피를 타면서 동료의 커피까지 같이 타보는 것은 어떨까? 또한 평소보다 한층 밝은 톤의 목소리로 인사하는 것도 '작은 노력'의 한 방법이다.

이렇게 다른 사람과 소통하기 위해서 노력할 때는 '내가 이것을 해줬다' 하는 식으로 생색내지 않는 것이 중요하다. 즉 내가 베푼 선행은 곧바로 잊어버리는 편이 좋다. 사람은 내가 해준 것을 생각하다 보면 상대방에게도 무언가를 바라게 되어 있다. 그렇기 때문에 내가 베푼 것에 집착하면 상대방과 '친구'가 될 수 없다.

내가 베푼 선행은 곧바로 잊어버리자. 이것이 가능해지면 굳이 대인관계에 노력하지 않아도 집단 안에서 편안하게 지낼 수 있다.

Think

나는 이전부터 사교성이 부족했는데,

낯가림이 심하면 오해받기 쉽나?

평소보다 20퍼센트 밝은 나를
무대에 세우자

사람은 누구든 집단에서 영원히 벗어날 수는 없다. 그렇기 때문에 집단 안에 내가 있을 곳이 있으면 조금은 마음이 놓이게 된다.

그러나 때로는 내가 있을 곳을 버리고, 조금 용기를 내어 새로운 곳을 찾을 필요도 있다.

초등학교나 중학교 때를 떠올려 보자. 학급에서 내 캐릭터가 한번 고정되면 그곳에서 별 탈 없이 지낼 수 있다. '장난꾸러기', '우등생', '예쁜 아이', '모범생' 등 한번 고정된 캐릭터를 연기하면 학급이라는 집단 안에서 스트레스 받지 않고 생활할 수 있다. 그러나 그 캐릭터에 너무 몰두하면 일상생활은 점점 힘들어진다.

한번 고정된 캐릭터에서 빠져나오지 못하는 경우는 학교뿐만 아니라 회사나 가정에서도 일어난다. 배우도 자신의 캐릭터를 벗어던지기 위해 수많은 노력을 한다고 한다.

이렇게 한번 고정된 캐릭터에서 벗어나지 못하는 사람은 '내가 모르는 나'를 무대에 세워보기를 권한다. '내가 모르는 나'란 간단하게 말하면 '평소보다 20퍼센트 밝은 나'다.

무대는 회의라도, 동호회라도 상관없다. 어떠한 무대에 설 때 평소보다 밝게 내가 모르는 나를 연기해보자.

우리는 무대에 설 때면 좋은 모습을 보여줘야 한다는 부담감에 억눌리기 쉽다. 그러나 그 부담감은 결국 '집단의 평가'를 의식하는 감정이다.

집단의 평가는 인생에 아무 의미가 없다.

내가 모르는 나를 무대에 세우기 위해서는 집단의 평가 따위는 신경 쓰지 않는 것이 좋다.

불교에는 "모든 사람의 마음속에는 부처가 있다"는 가르침이 있다. 평소보다 20퍼센트 밝은 나란 어쩌면 마음속에 있는 부처일지도 모른다.

마음속에 있는 부처를 무대 위로 꺼내는 것만으로도 우리는 성장할 수 있다.

내 인생에 무대 따위는 없다고 생각하는 사람도 있을 것이다. 그러나 사람에게는 누구나 어떠한 무대가 있다. 이를테면 집 안에만 있는 사람은 집 근처 편의점이 '무대'가 될 것이고, 처음 보는 사람과 대화를 잘 하지 못하는 사람은 백화점에 가서 "이 옷 입어봐도 될까요?"라고 점원에게 말을 거는 것도 커다란 '무대'가 될 수 있다.

이렇듯 나에게 큰 부담인 상황에 섰을 때 '평소와 다른 나'를 불러내보자. 평소와 다른 나를 무대에 세우는 행동은 캐릭터에서 벗어나지 못한 사람에게 꼭 필요한 방법이다.

내가 모르는 나는 존재하지 않는다, 이렇게 생각하는 사람도 있을 것이다. 그러나 사람은 누구에게나 '또 다른 내'가 존재한다. 또 다른 나를 발견하게 되면 우리는 분명 크게 성장하게 될 것이다.

정기적으로
집단에서 벗어나라

다양한 방법을 통해 인생이 바뀌기 시작하면, 내가 정말 옳은 방향으로 가고 있는지 불안해질 때가 올 것이다. 그럴 때 내 현재 상태와 미래의 진행 방향을 확인하기 위해서는 정기적으로 한 사람과 만날 필요가 있다.

그 기간은 한 달에 한 번 정도가 적당하다. 그리고 이상적인 상대는 직장동료나 가족이 아닌 이해관계가 전혀 없는 친구가 좋다. 직장동료와 가족처럼 매일 얼굴을 마주하는 사람은 이미 '집단'의 공기에 물들어 있기 때문에 내 상태를 정확하게 확인해주지 못한다.

만약 친구가 어렵다면 평소에 자주 만나지 않는 친척도 좋을 것이다. 또는 한 달에 한 번 은사나 선배를 만나러 가도 좋다.

어쨌든 '나보다 앞서 나가는 사람'을 만나는 것이 중요하다. 만약 옛날에 깊은 인연을 맺은 선생이 있다면 그 사람과 개인적으로 식사하는 것도 좋은 방법이다.

이해관계가 없는 친구나 은사와의 만남은 '마음 점검'과 같은 효과가 있다.

내가 지금 어디로 가고 있는지,
내 상태는 좋은지 나쁜지 들여다볼 수 있기 때문이다.

아무리 생각해도 이해관계가 없는 사람을 찾을 수 없다면 자연을 찾는 것도 하나의 방법이다. 높은 산을 올라도 좋고, 둘레길을 걸어도 좋다. 수상 스포츠를 즐기는 사람은 서핑을 해도 좋다.

한 달에 한 번 정도는 '집단'에서 벗어나 믿을 수 있는 사람을 만나거나, 몸과 마음을 안정시켜주는 커다란 자연과 하나가 되어보자. 이것이 현재 내 상태를 점검하는 중요한 습관이다.

Think

너무 열심히 하면 지칠 수밖에 없구나.

내 현재 상태를 확인하는 게

무엇보다 중요하겠어!

갈림길을
선택하자

인생에는 많은 갈림길이 있다.

그러나 그 갈림길에는 회사를 계속 다닐지, 다른 곳으로 옮길지, 아니면 퇴직하고 창업을 할지, 결혼을 할지 말지와 같이 누구나 생각하는 그런 갈림길만 있는 것이 아니다. 누군가와 대화할 때 머릿속에 떠오르는 말을 할지 말지, 사소하지만 이러한 것에 의해 인생이 크게 바뀌기도 한다.

인생이라는 것은 갈림길에서 무엇을 선택할지에 따라 모든 것이 결정된다고 해도 과언이 아니다. 따라서 우리는 갈림길에서 선택하는 힘을 키워야 한다. 그 힘이 바로 우리의 능력이 되어줄 것이다.

혼자 있는 시간인 솔로타임을 효과적으로 보내는 한 가지 방법으로 나는 밤 산책을 추천한다.

사람들이 잠든 늦은 밤, 목적 없이 천천히 거리를 걸어보자.

조용한 밤거리의 서늘한 공기를 느끼며 목적 없이 길을 걷다 보면 달이 비추는 두 갈래 길이 나올 것이다. 어느 쪽을 가든 상관없다. 다만 깊이 생각하지 말고, 거침없이 한쪽 길을 선택해보자.

해보면 알겠지만 어느 한쪽 길을 선택하는 일은 의외로 쉽지 않다. 특히 인간관계라는 '집단의 굴레'에 사로잡혀 있을 때는 갈림길을 선택하기가 더욱더 어려워진다.

조금 어리석은 행동처럼 보일지도 모르지만, 한쪽 길을 선택하는 연습을 해두라. 그러면 인생의 갈림길에 섰을 때 올바른 판단을 하는 데 도움이 될 것이다.

인간은 헤매면 헤맬수록 논리에 의존하게 되어 있다. 이쪽 확률이 더 높다고 했으니까, 사람들이 모두 오른쪽으로 가니까, 이게 일반적인 사실이니까 등등 모든 일을 논리나 정보로 판단하려 한다.

그러나 앞에서도 말했듯이, 인생의 30퍼센트는 논리로 선택할 수 없다.

중요한 선택일수록 직관적인 판단력이 필요하다. 직관적인 판단력은 '한밤중에 갈림길을 선택'하는 것과 같다.

인생은 한 번뿐이다. 그렇기 때문에 무언가를 선택할 때는 그 선택이 옳은지 그른지 나중에 확인할 수 없다.

행복한 인생을 보내기 위해 중요한 것은
'옳은 선택'이 아니라 '후회 없는 선택'이다.

산책길 앞에 놓인 갈림길처럼, 아주 사소한 선택이라도 '논리가 아닌 직감'으로 선택하기란 사실 매우 어렵다. 이쪽 길이 밝으니까, 어제는 저쪽으로 갔으니까 하는 식으로 우리는 항상 자신의 선택을 논리적으로 생각하려고 한다.

그러나 다른 사람의 의견이나 논리에 의존하지 말고, 직관적으로 선택하는 나를 만들어보자.

혼자 있는 시간을 충실하게 보내다 보면 무엇이든지 '잘 선택'할 수 있게 된다. 그리고 인생의 갈림길에서 망설임 없이 한쪽 길을 선택할 수 있게 되면 가슴속 깊숙이 자리했던 공허감은 사라진다.

나는 많은 사람들이 그렇게 될 수 있기를 언제까지나 응원할 것이다.

맺으며

최근 몇 년 동안 나는 곡 쓰고 노래하는 것에 엄청난 시간과 노력을 쏟아 부었다.

일이 끝나면 보컬 트레이닝을 받으러 다녔고, 변변치 않은 실력으로 라이브 무대에도 섰다. 곡을 쓰고 노래를 하기 전에는 무언가에 홀린 사람처럼 새나 의자를 그린 적도 있었다.

새삼 말할 것도 없지만, 정신건강의학과 의사인 내가 노래 부르고 그림 그리는 것은 절대로 돈이 되지 않는다. 그러나 노래를 부르고 그림을 그리고 있으면 내 안에 잠들어 있던 세포가 하나씩 하나씩 깨어나는 느낌이 들었다.

이 책은 출판사 야간비행(夜間飛行)이 발매하는 매거진 《삶의 대화》에 실은 내용을 다시 교정한 것이다. 잡지에 기사를 쓸 당시에는 '솔로타임'이라는 키워드를 쓰지 않았다. 그러나 이렇게 한 권의 책으로 모아보니, 내가 평소 솔로타임에 대해 깊이 생각하고 있었다는 사실을 새삼 깨닫게 되었다.

솔로타임은 소통을 부정하는 발상이 아니다. 솔로타임은 혼자 있는 시간을 가져야 소통의 깊이를 실감할 수 있고, 그 결과 마음 깊은 곳에 있는 고독감이 사라진다는 사실을 우리에게 가르쳐준다.

많은 사람들이 소통을 원하는 한편으로 소통에 의해 마음을 다치고는 한다. 지금 우리는 스마트폰을 통해 언제 어디서나 SNS를 즐길 수 있게 되었지만, 한편으로 그로 인해 마음을 다치고 가슴 깊은 곳에 있는 고독감을 치유받지 못하고 있다.

이 책이 많은 사람들에게 보다 충실한 하루를 보내는 데 도움이 된다면 저자로서 더 이상 바랄 게 없을 것이다.

나코시 야스후미

혼자만의
시간이
필요한 이유

초판 1쇄 발행 2018년 6월 27일
초판 4쇄 발행 2019년 1월 30일

지은이   나코시 야스후미
옮긴이   권혜미
펴낸이   이희철
기획편집   김정연
마케팅   임종호
북디자인   디자인홍시
펴낸곳   책이있는풍경

등록   제313-2004-00243호(2004년 10월 19일)
주소   서울시 마포구 월드컵로31길 62(망원동, 1층)
전화   02-394-7830(대)
팩스   02-394-7832
이메일   chekpoong@naver.com
홈페이지   www.chaekpung.com

ISBN   979-11-88041-13-8   03190

이 도서의 국립중앙도서관 출판시도서목록(CIP)은 서지정보유통지원시스템 홈페이지
(http://seoji.nl.go.kr)와 국가자료공동목록시스템(http://www.nl.go.kr/kolisnet)에서
이용하실 수 있습니다. (CIP제어번호 : CIP2018015744)